大類善啓

エスペラント

分断された世界を繋ぐHomaranismo《ホマラニスモ》

批評社

まえがき

二〇二〇年が始まるとともに、突如降ってわいたような新型コロナウイルスの発生と、その感染状況は全世界を覆い尽くし、その勢いはとどまることを知らず、年を越えても今なお、収束の兆しも見えておりません。

このような世界的な感染状況を見るにつけ、伝染病の問題を含めた環境問題などを考える時、一国の問題、あるいは地域的な課題ではないということが言えるでしょう。航空網の発達による世界の人々の往来は、あらゆる問題が瞬時に全世界的な課題にまで直結するということを、今日ほど切実に私たちに迫るようなことは今までなかったことでしょう。

今後も、これはアジアの問題であるとか、欧州の問題であるとか、あるいはアフリカ地域の問題であるということではなく、いわば世界は本当につながっており、環境問題だけでなく、政治や経済的な課題に関しても、世界的な発想、世界的な規模、いや全地球的な発想で考えなければいけない、ということを私たちに教えているかと思います。

かつてはその解決の糸口を、国際主義的な観点、国際主義精神で見いだせるかのように思っていました。しかし、果たして国際主義的精神で解決するでしょうか。

畢竟、国際主義も国家を前提にしています。国家はその要件として、領土、国民、主権という三つの条件で成り立っています。その中の一つ、領土を巡って国境を接する国家間では、しばしば争いが生じています。戦争と呼ばれるその国家間の争いは、ほとんどが領土問題をきっかけにして発生しています。どのような理想主義的精神で建国された国家でも、常に領土問題が引き金になって戦争が起こっているのが現実です。

その象徴的な例をイスラエル建国に見ることができるでしょう。欧州のユダヤ人たちは長年の放浪、またナチス・ドイツが建てた強制収容所での殺戮など悲惨な運命を辿りました。他の地域に居住していたユダヤ人も差別に苦しんでいました。しかしユダヤ人たちはその放浪と差別に終止符を打つべく、一九四八年、中東のパレスチナの地に念願の国家を建国しました。

しかしその国家は、パレスチナにいた多くのアラブ系住民を武力によって放逐して強権的に成立したのです。それ故、建国直後にアラブ諸国との間で中東戦争が勃発しました。そもそもイスラエルとアラブ諸国との争いは、第一次世界大戦後、イギリスがイスラエルとパレスチナ住民の双方に、それぞれの国家の建設を許すという二枚舌から生まれました。中東戦争の要因を辿れば、どちらにも都合のいい言説を振りまいたイギリス帝国主義に突き当たります。

ともあれ、イスラエル建国に至るユダヤ人たちのバックボーンになった思想は、〈故郷のシオンの丘に帰ろう〉というシオニズムと呼ばれるものです。そうして離散したユダヤの人々は、シオニズム運動を展開しました。

世界共通語エスペラントを創造したユダヤ人のザメンホフも、当初はシオニズム運動に共感し、ポーランドのワルシャワではそのリーダーになりました。しかしザメンホフは、「このシオニズムはユダヤ民族主義に帰着するものだ。イスラエル建国は、究極的には周辺のパレスチナの人々をパレスチナの地から追い払うだろう。これは離散するユダヤ人たちの真の解決にはならないだろう」と気づいたのです。そしてシオニズム運動から手を引きました。

一体、この世の領土とは何なのでしょうか。大小さまざまな国々で成り立っているヨーロッパでは、近世から今日まで、それぞれの領土は時に大きくなったり、時に小さくなったりしています。

強権的な国家が勃興すると、近隣諸国の領土に侵攻して自国の領土を拡張します。そして国力が衰えたり、戦争で負けたりすると、獲得した領土を返還するだけでなく、以前より小さな領土になってしまうという現象が絶えず巻き起こっています。

かつてユーゴスラヴィアという社会主義を奉ずる連邦国家がありました。その指導者、ヨシップ・ブロズ・チトーはソ連圏を離脱して強い支配体制を築いていました。しかし一九八〇年に死亡すると、国内の民族主義が活発になり、またチトーのカリスマ的な支配体制が崩れて連邦は崩壊の道を辿り、今では六つの国家に分かれています。

世界共通語を創ったザメンホフは、領土問題を始めとする紛争の根底に、人々を特定の国家や民族という集団に帰属するものとして捉える考えがあると見ていました。「私は日本人です」「私はアメリカ人です」「私は中国人です」と捉えるのではなく、「私は人類の一員です」と考える。国や民族という狭隘な考えた方で個性ある個々の人間を括るのではなく、「我々は人類の一員である」という考えの下、この世の大地に生きる一人ひとりの個人を出発点として、この世界を考えていこうという強い決意をもっていました。

　ザメンホフの思想である〈人類人主義：ＨＯＭＡＲＡＮＩＳＭＯ《ホマラニスモ》〉を、彼の言葉で表すと、以下のようになります。

「すべての民族は同等の権利を有する人類の一部であると考え、私はその出生民族によってではなく、その人個人の生み出す価値と行動によって人を判断します。自分とは違う民族であるとか、違った言語や宗教であるとかで人を攻撃したり迫害することは野蛮的行為であると考えます」。

　所属する〈国家〉や〈民族〉、〈宗教〉の違いを乗り超えて新しい世界を獲得するために、ザメンホフの思想を少しでも理解する一助に本書がなれればと思っています。

エスペラント

——分断された世界を繋ぐHOMARANISMO《ホマラニスモ》＊目次

第一章　エスペラントの創造者ザメンホフとは

生まれた町ヴィアリストク

ルドヴィーコ・ラザーロ・ザメンホフは一八五九年、現在のベラルーシの国境に近いポーランドの東部に位置するヴィアリストクという町に生まれました。ヴィアリストクはまたリトアニアに近く、当時は、ロシア帝国の支配下にあったリトアニア領の地でした。

現在、ヴィアリストクはポーランドにあるため、しばしばザメンホフをポーランド人として誤って記述されることもありますが、彼は、ユダヤ人の両親の下で生まれました。彼自身も自分の出自をユダヤ系であることを意識していました。父は教育者でしたが宗教にこだわらず、いわば無神論者でした。しかし母はユダヤ教を信仰していました。ザメンホフはその長男として、一八五九年の一二月一五日に生まれ、その後、四人の弟と三人の妹が生まれました。

そのヴィアリストクでは、ユダヤ人、ポーランド人、ロシア人、ドイツ人、ウクライナ

L.L.Zamenhof
（ルドヴィーコ・ラザーロ・ザメンホフ）

人などが暮らしていました。その人口構成は、ユダヤ人が六六％、ポーランド人が一八％、ロシア人が八％、ドイツ人が六％、ウクライナ人が二％ほどでした*。

一番多かったのはユダヤ人でしたが、東欧で根強い反ユダヤ主義の中で、ユダヤ人たちは疎んじられていました。その地にいた彼らは、イディッシュ語を使っていました。その言葉は、当時のドイツやロシアを含めた東欧圏にいたユダヤ人たちが使っていた言葉です。その時には、「崩れたドイツ語」と揶揄されたように、極めてドイツ語に近い言葉で、ユダヤ人たちの共通語でした。

『屋根の上のバイオリン弾き』という有名なミュージカル作品があります。その原作がイディッシュ語で書かれた小説『牛乳屋テヴィエ』です。ユダヤの伝統と信仰を頑固に守って質素に暮らす牛乳屋のテヴィエですが、しかし娘たちは古臭い考え方の父に逆らい、異教徒や革命家の青年たちと結婚し、次々と親元を離れていきます。

作者であるショレム・アレイヘムはイディッシュ語でいくつもの作品を書きましたが、この小説はイディッシュ文学の金字塔と言われています。作品の舞台はウクライナです。当時のオデッサ（ウクライナ）やワルシャワ*、そしてミンスク（ベラルーシ）などにいたユダヤ人の多くは、日常的にこのイディッシュ語を使っていたのです。

*田中克彦著『異端の言葉』。

*帝政ロシア領ポーランド。

多言語が行きかう町

ヴィアリストクの市場や通りでは、支配者の言語であるロシア語が大手を振っている一方、ポーランド語やドイツ語、そして多数派であったユダヤ人たちが話すイディッシュ語など、それぞれの民族の言葉が違うため多言語が行きかい、ちょっとした買い物などでも誤解が生じ、人々の間では喧嘩が絶えませんでした。とりわけユダヤ人たちは、金融などの商業分野で活躍していましたが、「正統派ユダヤ教徒」のように独特の髪型や服装をする人たちもいて、周囲のキリスト教徒たちから疎まれていました。

市場で喧嘩になると野次馬が集まってきます。ロシア人の警官が仲裁に入ってくると、田舎から出てきたリトアニアの女がリトアニアの言葉で文句を言います。警官にはその言葉がわかりません。「ここはロシア皇帝の領土だ。ロシア語で言え！　百姓言葉はダメだ」と、警官は威圧的に言います。そばにいたポーランド人は「それはおかしい！」と叫びます。たちまちその男は逮捕され、銃剣を突きつけられ警察に引っ張られ連れて行かれます。

周囲にいた人たちは、じっとこの光景を見ながら声が出せません。ポーランド人たちはみんなこの男に敬意を表します。しかしドイツ人やユダヤ人たちはそうではありません。あごひげのユダヤの老人は、「これで、あいつは俺たちに毒づくのを止めるだろう」とつぶやきます。ポーランド人は怒りに燃えています。こういう情景がこの町では頻繁にあったのです。

ルトヴィーコ・ラザーロ・ザメンホフは小さい時からこのような様子を見て育ちました。「人間はみんな兄弟だと教えられていたのに」と思い、「大きくなったら、きっとこの不幸をなくしてみせるぞ」と、絶えず独り言を繰り返す少年でした。言葉が通じないために争いや誤解が生まれる状況を見て育ったザメンホフは、そこから人々が一つの共通語を話す世界の夢を育んでいったのです。

人類のために世界共通語を！

その後ザメンホフ一家は、ヴィアリストクからワルシャワに移り、ザメンホフは選ばれてモスクワ大学医学部に入学します。同級生には、後に作家になったチェーホフがいました。しかしザメンホフは、ユダヤ人ということで家庭教師にもなれず、また学費も続かなくなりワルシャワに戻りました。一八八一年のことです。

その年のクリスマスのワルシャワで、ユダヤ人へのポグロム*が起こりました。ザメンホフ一家は三日間、地下室に隠れ、なんとか命拾いをしました。ザメンホフはこの悲痛な体験をとおして、現実は決して甘くないと思いました。しかし、人類のための一つの共通言語を創るという夢をどうしても捨て去ることができなかったのです。

ザメンホフを取り巻く現実を見れば、ポーランド人はロシア語を嫌い、ロシア人はドイツ語を好まず、ドイツ人はフランス語が堪えられない。フランス人は英語を受け入れないだろう。ザメンホフはそういう現実を見るにつけ、より強く世界共通語の必要性を感じました。

諸民族がお互いによく知り合い、人々が自由に意思を通じさせれば、多くの民族の人たちも自分たちとまったく同じ人間であることがわかるだろう、と彼は改めて思ったのでした。

*ロシア語で大虐殺の意。

自分たちの母語は大切だが、世界共通語は民族の壁を超えて使うところに意味がある。その共通語は、あらゆる人々にとって学びやすく、やさしくなければならない。そのためには、現にあるどのような民族言語にも偏らない中立性を持っていること、発音がやさしいこと、文法は規則的で例外事項は存在しないことなど、ザメンホフはいろいろと熟慮した末、語彙については語根の大部分をヨーロッパの諸言語から採用しました。

ザメンホフはラテン語にもよく通じていました。またロシア語やポーランド語も話せた彼は苦心に苦心を重ねて、人類の共通語、エスペラントを創り出したのでした。

しかしエスペラントはどちらかと言えば、イタリア語やスペイン語を母語にしている人々にとってはやさしいと言えるでしょう。私はかつて、ルーマニアのブカレストで、地元の青年にエスペラントの本を見せたところ、彼はだいたいわかると言いました。ルーマニア語は、イタリア語やフランス語などのラテン語系の言語ですから当然といえば当然です。後に詳述しますが、日本や中国でもエスペラントは普及しましたが、アジア人よりヨーロッパの人々の方がエスペラントを学びやすいことは確かでしょう。

こんなエピソードがあります。私の友人が知り合ったインド人に、エスペラントなるものを話したところ、そのインド人は、これは世界共通語というよりヨーロッパ共通語で、アジア人にとっては不利だ。彼は、アジアの大国であるインドと日本の言葉を基礎に世界共通語を創ったらどうかと提案したそうです。しかしヒンズー語と日本語を基に共通語は創れるでしょうか。とても至難のことだと思います。

レフ・トルストイやロマン・ロランも共感

何度もポグロムを受けたユダヤ人たちは一致団結して自分たちの国を創ろう、その道しか自分たちを守ることが出来ないとシオニズム運動を起こします。しかしザメンホフは、〈シオニズムはユダヤ民族主義である〉とはっきりとわかってきたので、一時共感したシオニズム運動とも決別しました。

シオニズム運動を通じてザメンホフは、世界各地から来たユダヤ人たち同士がお互いに共通の言葉がないのを改めて痛感しました。西ヨーロッパなどにいるユダヤ人たちにはイディッシュ語は通じず、エスペラントを世界各地から集まったユダヤ人たち同士の共通語にしたいとも思っていたようです。

一八八七年、ザメンホフはついに「インテルナツィーア・リングヴォ」（国際語）を、エスペラント博士という名前で発表しました。エスペラント（Esperanto）は〈希望する人〉の意味です。彼はヨーロッパ社会に影響のある知識人らにこの小冊子を送りました。数年後、ロシアの文豪レフ・トルストイから、

「エスペラントを普及することは地上に神をつくることである。これこそ人類の理想だ」

という手紙を受け取りました。またロマン・ロランからは、

「今や自己の運命を自覚している新しい人類の最初の仕事は、万人に共通なる言語を採用することでなければならない。あらゆる人類のなかで、世界語は最も平和的な、最も働き

のある、最も武装せずして、しかも最も効果的な、ある革命の一つである。それは政治的革命よりいっそうはるかに深いものである。なぜなら、それは社会の輪郭を改造するばかりでなく、人類の精神をも改造するからである。それは自ら覚《さと》らずして新しい信仰、新しい神たる人類を運ぶ乗り物である。エスペラントは人類解放の武器である」という言葉を受け取りました。

　またマクシム・ゴーリキーからも、

「保守的な人々は、エスペラントを空想的な仕事だと頑強に言い張っている。しかし、現実は確実に保守的な人々の考えをくつがえしてゆく」という称賛の手紙をもらいました。

　そうした多くの知識人たちの影響もあり、徐々にエスペラントは浸透し、一九〇五年にドーバー海峡に臨むフランスのブーロニュ・シュル・メールで第一回「世界エスペラント大会」を開くまでに至りました。世界各地から六八八人の人々が集まりました。集まった人たちはお互いにエスペラントで話しました。お互いの意志がエスペラントですべて通じることを知ったザメンホフは感激しました。

　こうしてエスペラントはヨーロッパに広がり、また日本や中国の人々にも徐々に共鳴者を生み出していくのです。

第二章　エスペラントは日本へどう伝わったか

二葉亭四迷がエスペラントを売り出す

第一回世界エスペラント大会が開かれ、ヨーロッパの知識人に迎えられたエスペラントですが、日本にはどのように伝えられたのでしょうか。いろいろと説があるようですが現在は、二葉亭四迷*が最初に日本に伝えたと言われています。

二葉亭四迷は一八八七年に発表した、言文一致体で書いた小説『浮雲』で有名です。しかし父から、文学などをやるような三文文士は「くたばってしまえ！」と言われ、筆名をこのようにしたと言われています。もともとロシア語を学んでいてウラジオストックにいた一九〇二年ごろ、当地のエスペラントの学習会に参加し、フョードル・A・ポストニコフというロシア人からエスペラントを学びました。このポストニコフは、ペテルブルグでザメンホフからエスペラントを教わりました。

そして、二葉亭が日本に帰国したところ、ポストニコフが後を追うように東京の二葉亭を訪ね、お金は出すからエスペラントの教科書を翻訳して出版してくれと依頼しまし

＊本名、長谷川辰之助。

た。そうして二葉亭は、ザメンホフ博士著『世界語』、続いて『世界語読本』を一九〇六年、東京の彩雲閣から出版します。

この二つの本が予想外に売れ、ベストセラーになりました。「朝日新聞」がその年の末、「今年は浪花節とエスペラントが大流行」と書いたほど、エスペラントはインテリ層などに大きな影響を与え、人々のなかに浸透しました。

またほぼ同時に、岡山にいた第六高等学校のG・エドワード・ガントレットという英語教師がエスペラントの通信教育を始めました。ガントレットは、金沢にいた宣教師であるD・R・マッケンジーから入門書を借りてエスペラントを学びました。およそ七〇〇人の日本人がこの通信教育で学んだようです。ガントレットの妻になった（山田）恒子の弟が作曲家として有名な山田耕筰で、彼もエスペラントを学びました。

また一方、留学中のドイツでエスペラントを学んだ丘浅次郎という生物学者もいます。

エスペラントに魅せられた柳田國男

世界共通語としてのエスペラントの魅力に惹きつけられた日本人は多くいますが、ここでは近代日本の知識人として著名な何人かを挙げておきましょう。

そのひとりが柳田國男です。柳田國男は日本の全国各地を歩き、日本人とはどういう人たちなのかと追求し、『遠野物語』を著した高名な民俗学者です。柳田國男はエスペラントに熱心に取り組みました。

その契機になった人物がグスターフ・ラムステットというフィンランド人です。彼はアルタイ語学者ですが、ロシア十月革命によってロシアから独立したフィンランドの最初の公使として日本に赴任しました。

ラムステットは民俗学者でもあり、またエスペランティストでした。彼は日本で多くのエスペランティストに歓迎され、各地で講演をしましたが、英語ができないという彼は、すべての講演をエスペラントで行い、日本人のエスペランティストが通訳しました。

柳田國男は同じ民俗学の仲間であったラムステットと交流し、エスペラントを学ぶようになったのです。柳田國男は一九二二年、国際連盟の委任統治委員会日本代表としてジュネーブに滞在していた時、国際連盟はエスペラントを公認の言語として採用するように、と新渡戸稲造《にとべいなぞう》らと共に国際連盟に働きかけました。

英語やフランスを母語としない国々の外交官にとってエスペラントはどこの国の言葉でもなく、誰もが負い目を持つこともなく使え、言語の公平さ故に公用語にすべきだと推進したのです。しかし結果は、フランス政府などの反対によって潰されました。

実は近年でもEU（ヨーロッパ連合）でエスペラントを共通の言語にしようという動きがありました。英語やフランス語を使う場合、通訳や翻訳に費やされる多大な費用と人材や時間の多さを考えると、世界共通語であるエスペラントの採用は大きな利益をもたらすからです。しかしこの時も、英語が世界共通語だと言い張るイギリスなどの反対によって潰されてしまいました。

フランスやイギリスは〝大国〟としての面子《めんつ》から、どうしても英語とフランス語を自国の国益のために、エスペラントを公用語にすることに常に反対するのです。

言語帝国主義という言葉があります。まさに英語帝国主義、フランス語帝国主義です。英語やフランス語を母語としない小国の人々は常に、彼らよりはうまく喋れず、負担を強いられるこのような言語状況がいいのかどうか、本気になって考える時期に来ているのではないでしょうか。

宮沢賢治もエスペラントを学ぶ

もう一人、ラムステットの講演によってエスペラントに目覚めたユニークな日本人が宮沢賢治です。『風の又三郎』『注文の多い料理店』『銀河鉄道の夜』などの作品によって、今でも多くの人々に愛されている宮沢賢治は東京でラムステットの講演を聞きました。

ラムステットはアルタイ語、モンゴル語、朝鮮語などを研究しながら、日本に一〇年間滞在し、エスペラントの普及にも貢献しました。そして講演の中で、「やっぱり著述はエスペラントによるのが一番だ」と語るのを聞いた宮沢賢治はいたく感心し、さっそくエスペラントを学んだといいます。宮沢賢治の架空の理想郷に、故郷の岩手をモチーフとした「イーハトーヴォ」という言葉がありますが、近年の研究によれば、イーハトとは、岩手（イワテ）をエスペラント式にしたものだと言われています。

宮沢賢治の全集を繙《ひもと》けば、エスペラントについて書かれたものを見ることができます。

宮沢賢治を尊敬している作家の井上ひさしが、エスペラントに並々ならぬ関心を持ち、実際に学習しました。津久井英喜が編集発行人だった月刊『エスペラントの世界』誌に、エスペラントに関する文章を連載していたこともありました。

大杉栄は中国にも影響を与えた

このようにエスペラントに関心を寄せた異色の人たちがいる一方、エスペラントは多くの社会主義者に影響を与えました。その運動の先頭を走った堺利彦が、「平民新聞」廃刊後に出した「直言」という新聞にエスペラントを紹介しました。この堺利彦の発信が社会主義者らの知識人に大きな影響を与え、山川均、高畠素之、片山潜、吉野作造らがエスペラントを学びました。その中の一人にアナーキスト*の大杉栄がいます。

大杉栄といえばアナーキスト、アナーキストといえば大杉栄と言われるほど、この世界では有名な人間です。残念ながら大杉栄は関東大震災直後、憲兵隊によって妻の伊藤野枝と大杉栄の甥・橘宗一と共に虐殺されました。一般的に、下手人は憲兵大尉・甘粕正彦《あまかすまさひこ》と言われていますが、真相は今なお謎です。私は、甘粕は直接手を下さず、憲兵隊の罪を背負ったと思っています。

一九七〇年代の初め、週刊誌の記者をしていた私は、〈大杉栄殺しは甘粕ではない〉という情報が入り、正式に企画に上り取材を始めて、今は亡き武藤富男*に会い、話を聞きました。その時、武藤富男から贈呈された著書『満洲国の断面――甘粕正彦の生涯』（近代社）

*無政府主義者と通常訳されるが、今日ではこの訳は適切でないという意見もある。

*一九〇四年生まれ。東京帝国大学法学部を卒業後、

を読むと、〈「人殺しが、満洲国の政治に関係するとは何というやなことであろう」と私は思った〉と冒頭に書きながら、現実に甘粕に接していき、甘粕の人柄、教養に魅せられ、〈甘粕は人殺しなどするような人ではない〉と確信するような経緯を読み、また戦後も「甘粕会」を作って甘粕を慕う人々を知って、甘粕は本当の犯人ではない、と思うようになりました。しかしこのことは本書の主題ではありませんので、これ以上の言及はここで止めておきましょう。

さて、大杉栄は何度も獄中に入りましたが、その都度、外国語をマスターしたと言われています。『自叙伝・日本脱出記』(岩波文庫)にはこんな文章があります。

「元来僕は一犯一語という原則をたてていた。それは一犯ごとに一外国語をやるという意味だ。最初の未決監の時にはエスペラントをやった。つぎの巣鴨ではイタリイ語をやった。二度目の巣鴨ではドイツ語をちっと齧った。こんども未決の時からドイツ語の続きをやっている」と書き、ロシア語、スペイン語も学習したようです。大杉は東京外国語大学フランス語科を出たこともあり、語学好きだったのでしょう。

大杉栄は時の政府に対する社会的な闘いに先頭を切って活動する一方、〈フリーラブ〉と言い、自由恋愛論者として〈女性活動!〉においても活発でした。

堀保子、伊藤野枝、神近市子ら先進的な女性たちと恋愛をして、時に三角関係、四角関係にまで発展し、神奈川県・葉山の日蔭茶屋では、女性と一緒にいたところを神近市子に襲われ刺されるという事件にまでなりました。

裁判官になり、三四年旧満洲へ行く。〝満洲国〟国務院総務庁弘報処長などを歴任し甘粕正彦と親しくなり、戦後、賀川豊彦が呼びかけた「キリスト新聞」を創刊しました。専務主筆の後、社長に就任。後に明治学院院長になる。

戦後、神近市子は日本社会党の代議士として活躍します。時にテレビに映る神近の姿を見ては、若かりし頃は、こんな情熱があったのだと感慨にふけりました。この日蔭茶屋事件は当時の新聞を賑わしましたが、今なら連日、テレビや週刊誌で話題を独占していたことでしょう。

一九六〇年代に学生時代を過ごした私は大杉栄に魅かれましたが、近年また、『大杉栄日本で最も自由だった男』（KAWADE道の手帖）など一冊まるごと特集が組まれた本が出版されるなど、再び脚光を浴びています。大杉栄は〈自由恋愛〉というだけでなく、日本を秘かに脱出して上海やフランスに行き海外のアナーキストと交流するなど、その自由な生き方が、何かしらせせこましくなっている現代日本に対する批判的な視点を提供しているのかもしれません。大杉栄はまた、伊藤野枝と共に小説の主人公として描かれる（村山由佳著『風よ あらしよ』集英社）など、閉塞した日本に対するアンチテーゼのようなメッセージを持っていると言えるでしょう。そして実は、大杉栄は中国のエスペラント活動にも大いに寄与していたのです。

第三章　中国とのエスペラント交流

一八八五年に生まれた大杉栄は、前述したように第六高等学校の英語教師であるガントレットが始めたエスペラントの通信教育を受けた七〇〇人近い生徒の中の一人でした。一九〇六年三月、東京の電車賃値上げ反対運動に参加して逮捕された大杉は、「一犯一語」というモットーの下、収容された監獄でエスペラントに励み、かなりモノにしたようです。

エスペランティスト・手塚登士雄の論考「日本の初期エスペラント運動と大杉栄らの活動」*によれば、「今朝早くからエスペラントで夢中」「エスペラントは面白い様に進んで行く。今はハムレットの初幕の処を読んで居る」という友人に宛てた大杉の手紙を紹介しています。そして三か月後に出獄した大杉は、創立間もない日本エスペラント協会の活動に参加し、協会付属エスペラント学校では運営委員や講師として大いに活躍しました。

手塚登士雄は、「『日華世界語教科書』が一九〇七年五月に発行されているので、その頃すでに、在日中国人留学生の間で学習意欲が高まっていたと想像できる*」と記しています。中国では今もエスペラントは世界語と称され、エスペラントを学習する人たちが少なからず存在しています。

＊『トスキナア』四号、五号所収。

＊「中国のアナキズム運動とエスペラント」『トスキナア』三号所収。

その頃から幸徳秋水などの日本の社会主義者らと張継《チョウケイ》、劉師培《リュウシバイ》ら在日中国人アナーキストたちとの交流が始まり、大杉栄は日本にいる中国の革命家たちにエスペラントを教えました。その多くはアナーキストだったようです。本来、中国人が持っている自由奔放な個人主義的資質は、枠にはまって几帳面すぎる日本人よりアナーキズムの思想にとても合う、と私は思っています。こんなことを言えば、中国の人たちに怒られるでしょうか。

日本で生まれ育った私は、この中国人の個人主義的資質を大いに推賞したいところです。また、エスペラントの理念である国家や人種、民族を超え、いわゆる民族言語を超えた世界性は、アナーキズムを信奉する人たちの考えに極めて近く、スムーズに受け入れられました。それ故に、中国のアナーキズム運動はエスペラント運動と連動するような形で進行していったようです。

このように中国にエスペラントが伝わった一つの流れが、在日中国人の革命家、とりわけアナーキストたちからでした。ちなみにエスペラントのもう一つの伝播の流れは、パリに留学していたアナーキスト、呉稚暉《ゴチキ》や李石曾《リセキソ》らによるものです。

魯迅、周作人兄弟とエスペラント

『阿Q正伝』『狂人日記』を書いた中国の文豪・魯迅《ロジン》は、エスペラントに大変関心がありました。弟の周作人《シュウサクジン》はエスペランティストとして自他ともに認められる存在で、一九二二年、北京世界語協会の会長に就任しています。魯迅がエスペラントを話せたかどうかはわかりませんが、エスペラントの支持者であり、強いシンパシーを持っていたことは確かでしょう。
バラライカを弾くロシア人で盲目のエスペランティスト、ワシリー・エロシェンコが日本に滞在していましたが、危険思想の持ち主と見られ、日本から追放されて中国に渡った時、魯迅は彼と親しく交流しています。

エロシェンコは一八九〇年生まれ。ロシア、ウクライナ地方のクールスク県出身です。幼時に失明しモスクワ盲学校で学びましたが、一九一四年、東京の盲学校で按摩を学ぶためにエスペラントのつてを頼って来日しました。エロシェンコは詩人、童話作家でもあり、劇作家の秋田雨雀《うじゃく》らと交流し、また新宿中村屋の相馬黒光・愛蔵夫妻の支援を受けて日本で生活を送りました。

その後、蔡元培《サイゲンバイ》が北京大学学長に就任後の一九二一年、北京大学は必修科目にエスペラントを採用し、講師にエロシェンコを起用しましたが、その力になったのが魯迅でした。

エロシェンコのエスペラントの授業に何百人か、多くの学生が関心を持って参加しました。エロシェンコの研究家で中国文学者の藤井省三によれば、革命が成ったロシアに一時帰国したエロシェンコは、故郷のウクライナに戻り、農民の生活ぶりを見て〈ロシア革命〉に失望したようです。

エロシェンコの実家の近所の人たちには、ロシア革命は革命以前より経済的な恩恵もなく、ロシア革命にはみんな不満を募らせていたようです。エロシェンコはこういう現実を見て、この〝革命〟は失敗だったと思ったそうです。そして北京に戻ったエロシェンコは、ウクライナでの革命後の実情と自分の思いを率直に学生に語ったところ、マルキシズムにシンパシーを感じていた北京大学の学生たちは、ロシア革命を貶《けな》すエロシェンコの授業を徐々にボイコットし、最後には聴講者は一人しかいないという状況になったようです。ともあれ、魯迅と周作人はエスペラントと深い関係がありました。

文豪のエスペランティスト、巴金の来日

落語の三題噺ではありませんが、〈中国・エスペラント・アナーキズム〉という三つの題を出せば、まさに巴金《バキン》です。四川省成都出身の巴金は、もし中国で最初にノーベル文学賞を取るとすれば彼しかいない、と言われるほどの作家でしたが二〇〇五年、百歳を超えて亡くなりました。彼の代表作である長編小説『家』は、旧家の大家族制の抑圧に苦しみ、それに対して反抗する青年を描き、多くの読者を得て多大な反響を呼びました。

新中国成立後は中国作家協会の主席を務め、一九八四年五月には国際ペン東京大会に参加するため来日、彼らの歓迎パーティーに私も出席して巴金と名刺を交換したことがありました。

一行は巴金を含めて四人、その中に、文芸誌『収穫』の編集者でもある令嬢の李小林《リショウリン》も参加していました。巴金は一九〇四年生まれですから、ちょうど八〇歳の時です。李小林の随行は、父の身体を気遣かった参加だったともいえるでしょう。

巴金は若いころ、アナーキズムの影響を受け、四川省成都の家を出て上海や南京でアナー

キズム運動に参加し、後にフランスにも留学しています。本名を李尭棠《リギョウトウ》と言いましたが、巴金というペンネームは、アナーキストの理論的指導者だったバクーニンのバ、クロポトキンのキンを取ってつくったといわれていますが、今回改めて調べてみると、〈巴〉は自殺した友人の巴恩波《パオンパ》からとったものだとする文章に出会いました。そして、バクーニンとクロポトキンからとったという説は、文化大革命時代に、巴金に罪を着せるためのデマであり、事実ではないと書いています。どうもこの説の方が、リアリティがあるように思いますが、さて真実はどうだったのでしょうか。それはともかく、御多分に漏れず、文化大革命の嵐は巴金をも襲い、一九六六年から一〇年間に亘って作家活動もできませんでした。

巴金は、文化大革命の悲劇は二度と起こしてはいけないと、一九八六年に文化大革命記念館を建設すべきと提唱しましたが、残念ながらまだ実現していません。ともあれ、巴金はアナーキズムに心酔し、またエスペラントにも共感、彼も参加して上海世界語者協会を設立し、後には名誉会長にもなり、エスペランティストとしても活躍しました。

巴金は一九六一年、新中国からの最初の作家代表団の団長として来日しました。一九八四年時点ですでに四回ほど日本に来ていますが、この来日時には、文芸理論家で中国文学芸術連合会主席の周揚《シュウヨウ》らもほぼ同じ頃に来日し、五月一一日、彼らは揃って東京で開催された日中文化交流協会主催の歓迎パーティーに出席しました。ちなみにこの協会は一九五六年に中島健蔵、千田是也、井上靖、團伊玖磨らが中心になり、日中間の文化交流を推進するために創立され、日中国交正常化に貢献しました。

熱気に満ちた歓迎パーティー

彼らを歓迎するパーティーでは一目、巴金に会って挨拶して名刺を交換したいという人たちが彼の前に並びました。巴金は椅子に腰かけ、そばに男の人が立ち、その人が巴金に代わって名刺を差し出していました。私も巴金に挨拶すべく並びましたが、後ろに何人もいるため、ただ会釈し名刺を交換した程度でした。

そのパーティーは、当時の友好的な日中関係を表して、とても熱気に満ちていました。文化大革命中の閉ざされた日中関係に終止符を打ち、開放経済体制に入った新しい中国との緊密な交流を反映するかのように、日本を代表する多くの著名な文化人たちがパーティーに参加していました。

巴金の来日時の様子を確認するために、改めて日中文化交流協会会報の月刊『日中文化交流』を見ましたところ、主要な行事の参加者の名前が逐一、アイウエオ順に記載されていますが、この時も多くの人たちの名前が記載され、私の名前も記載されていたのを確認しました。

参加者の名前を眺めていると、鬼籍に入っている人もかなりいますが、文化芸術関係の著名人が綺羅星のごとく紹介されています。大作家である巴金が出席するというパーティーとはいえ、いかに当時の日中関係が熱い状況にあったかということがわかります。

そんな著名な方々を全員記すと、この頁はその名前で埋まってしまいかねませんので、とりわけ一般的に名前が知られている人たちだけに絞って紹介してみましょう。

日中文化交流協会会長の井上靖を筆頭に、千田是也、山本健吉、東山魁夷、野間宏、水上勉ら協会の常任理事の他に、井出孫六、岩波雄二郎、大原富枝、岡崎嘉平太、岡本太郎、奥野健男、尾崎秀樹、加山又造、木下順二、清岡卓行、熊井啓、黒井千次、近藤芳美、阪田寛夫、佐々木基一、佐田稲子、城山三郎、高木東六、高峰三枝子、陳舜臣、東野英治郎、中薗英助、中野孝次、夏堀正元、奈良本辰也、古井喜美、宮本輝、三好徹、森繁久彌、山本安英などの名前が並んでいます。その多くはすでに鬼籍に入っていますが、まさに日本を代表する文化人たちが参加していたのです。

また井上靖の『楼蘭』のエスペラント訳『Loulan』がその日に完成し、井上が巴金に贈呈した関係もあってか、エスペラント界の主要な人たちも参加しています。

パーティーでの有吉佐和子の喜びぶり

この会報に掲載された写真のキャプションを見ると巴金は、「友情に対しては友情で応えねばなりません。しかし、みなさまのこのような大きな友情に、私たちが応えられるだろうか」と挨拶しています。また周揚は、「私は五年ぶりに日本の土を踏みました。長年の友人であり、同志である巴金氏と同じ壇上でこのように多くの人々のあたたかい友情に見守られていることは、感無量です」と挨拶したと記されています。

他にもこの会報には、井上靖や千田是也、東山魁夷、陳舜臣、佐田稲子らが巴金、周揚と親しく言葉を交わしている写真が掲載されています。このような今は亡き日中の文化人たちの懐かしくも深い友情を示す写真を見ていますと、感慨を新たにします。

著名な文化人が大勢いたパーティーの中に私もいたわけですが、印象に残っているのは高峰三枝子がいたなというぐらいです。しかし、実はこのパーティーで今でも鮮明に覚えているのは、今は亡き有吉佐和子の気分が高揚したような立ち姿でした。

「才女」と言われ、女流作家として華々しい活躍をしていた有吉佐和子ですが、周揚が壇上で挨拶している時、会場中央のやや後ろの方にいた有吉佐和子が周揚に向かって大きく手を振り、声をあげたのです。会報『日中文化交流』を見れば、有吉佐和子と周揚が言葉を交わしている写真があり、そこには「五年前には、杉並のわが家を訪ねてくださいましたね」と有吉佐和子が語り、周揚が「あのときの抹茶の味は忘れられません」というキャプションがついていました。有吉佐和子の、人目も気にしない、あふれるような喜びの姿は、そのような付き合いがあったからでしょう。しかし、それを差し引いても異常な感じを受けました。

有吉佐和子は一九六一年の最初の訪中の時、ある人から「着物はなるべく地味なものを」と言われましたが、中国での歓迎レセプションではその忠告を無視したようです。その時の訪中団長だった亀井勝一郎がこんなエピソードを書いています。

「今度の旅行中、有吉さんが最も人気があった。宴会の時は、華やかな和服を着るので会場が一際あかるくなるし、〈絶世的美人〉といふ名が高い。我々の世代とちがって、ものに臆することなく、闊達に振るまうので誰からも好意を持たれたやうである。（中略）郭《カク》沫若《マツジャク》氏との会見後にも記念撮影したが、そのとき郭氏は、有吉さんに向って〈こっちへおいで〉と言って自分の傍へ連れて行った。今度もいよいよ撮影する瞬間、私と並んで立っていた周総理は、あっといふ間に有吉さんの傍へ行ってしまった」（『中国の旅』）と記しています。

かつて私が見た写真の中には、二列に並んだ集合写真の前列中央にいる周恩来総理の隣に有吉佐和子がいました。その時は、一番端にいた有吉佐和子が撮影直前に周恩来の傍に駆けていき、写真に納まったといわれています。有吉佐和子の、ものおじしない積極的な性格がそうさせたのでしょう。

また、周恩来とのエピソードでは、有吉佐和子が周恩来に、「今日の私の着物の柄が牡丹（中国の国花）でなくて残念です」と言ったところ、周恩来は「牡丹はあなた自身ですね」と言葉を返したということです。周恩来もなかなかユーモアがあります。

第四章　中国で闘う長谷川テル

これから、ザメンホフが言うところの人類人主義＝HOMARANISMO《ホマラニスモ》を文字通り生きた日本のエスペランティスト、いわば大勢に抗して〈闘うエスペランティスト〉を紹介していきましょう。そこでまず挙げたいのが長谷川テルです。彼女は、真にエスペランティストの名に値する人だと言えるでしょう。

長谷川テルは、一九一二年三月、山梨県の猿橋（現、大月市）に生まれました。その後一家は東京に移り、テルは東京府立第三高女に入り、奈良女子高等師範学校の国文科に進学しました。現在の奈良女子大学です。

当時、世界では年ごとに不穏な動きが広がっていました。一九三一年九月一八日、柳条湖《リュウジョウコ》事件が起こりました。〝満洲〟と呼ばれていた中国東北部にいた日本の関東軍*は、瀋陽《シンヨウ》（当時は奉天と呼んでいた）北方の柳条湖付近で、「中国軍が〝満鉄線〟を爆破した」として一斉に攻撃を開始したのです。これは関東軍の自作自演でしたが、関東軍は翌日までに満鉄沿線の主要都市を占領しました。日本ではこの事件を〝満洲事変〟と言い換えて事変の本質を隠しています(注)。

＊戦前、日本が中国東北に進駐した陸軍諸部隊の総称。

この事件こそ、〈日中一五年戦争〉の起点になった事件でした。私はかつて柳条湖に行きましたが、そこには歴史博物館が建ち、その正面の壁面には鄧小平の死後、国家主席になった江沢民《コウタクミン》*の字で、大きく〈九・一八を忘れるな〉と彫られて記されていました。

日本は翌一九三二年には、傀儡国家〝満洲国〟を建国しました。長谷川テルはこのような時期に青年時代を過ごしました。奈良女子高等師範学校に入学したばかりのクラスには中国からの留学生が十人ほどいましたが、彼女たちは「このような時期に日本にいることはできない」と中国に帰ってしまいました。

その頃長谷川テルは、天理外国語学校在学中の宮武正道《みやたけまさみち》という指導者の下、エスペラントを学び始めました。彼は生涯、在野にあってマレー語やタガログ語などの南洋語、南洋文学の研究者であり、奈良エスペラント会の創始者でした。その後長谷川テルは、日本プロレタリア文化連盟と接触しましたが、そのメンバーたちは検挙され、長谷川テルもそのシンパとみなされ警察に連行され退学させられました。

東京に戻った彼女は、エスペラントを通じて劉仁《リュウジン》という東京高等師範学校*に留学していた中国人青年と知り合いました。劉仁は〝満洲国〟からの官費留学生でしたが、彼はザメ

注：関東とは万里の長城の東端である「山海関《さんかいかん》」の東側、旧満洲全体を指す。日露戦争の勝利後、大連や旅順地域の租借権がロシアから日本に移行し、日本は大連、旅順を自国の〝領土〟として関東州と呼んだ。両地域は行政的には「満洲国」には帰属しなかった。

＊一部では日本への憎悪を煽った政治家と言われている。初めて国賓として来日した折り、天皇主催の晩餐会で軍服を着て出席して波紋を呼んだ。

＊現在の筑波大学。

ンホフの人類人主義を信奉するエスペランティストでした。二人は友情を結び、恋愛し結婚しました。テルは父親の大反対を押し切り結婚したのです。

日中戦争という言葉はまだありませんでしたが、太平を謳歌する時代ではありません。劉仁は中国に戻ります。しかし故郷である中国東北（〝満洲国〟）の本溪《ホンケイ》に戻らず、上海に渡りました。その後テルも上海へ渡りました。一九三七年の四月、盧溝橋《ロコウキョウ》事件の三か月前のことでした。

盧溝橋事件とは、一九三七年七月七日夜から八日朝にかけて、北京郊外の盧溝橋一帯で、日中間が本格的に衝突した、いわば日中戦争の始まりとも言える事件でした。

この日中間での本格的な戦争が始まる寸前に、テル夫婦は日本を離れて中国大陸に渡ったのです。

エスペラントを駆使して闘うテル

一九三七年四月一五日、テルは上海に降り立ちました。埠頭には劉仁が待っていました。テルが上海ですぐ目にしたのは近代的なビル群、そして上半身裸の苦力《クーリー》の男たちの姿でした。

テルと劉仁はフランス租界に部屋を借りて住みました。中国と戦争状態にある日本の婦人であることを隠すために、劉仁と友人たちはテルをマレー生まれの華僑で、「今回初めて中国に帰ってきた女性でありマレー語しか話せない」ということにしました。そのマレー語とはエスペラントのことです。

劉仁と友人が時局問題などのパンフレットを出す仕事場に行くと、テルは家主の家の小さい娘たちと遊ぶ以外はすることがなく退屈な毎日でした。孤独でもありましたが唯一の憩いの場所が共同租界にある上海世界語者協会でした*。テルは時々ここを訪れ、日本から持参したタイプライターを持ってきてエスペラントの雑誌『ĈINIO HURLAS』*の刊行を手伝いました。

盧溝橋事件から一週間後の七月一五日、上海世界語者協会は、エスペラント運動五〇年を祝う記念集会を開催、テルも劉仁と一緒に参加しました。そこには三〇〇人以上の同志たちが集まりました。〈エスペラントを使って中国解放のために〉という上海世界語者協会のスローガンの下、集まった同志たちはエスペラントで『La Espero』（ラ・エスペーロ「希望」）や『La Tagiĝo』（ラ・タギージョ「夜明け」）*というエスペラントの歌を唄いました。

中国のエスペランティストたちは中国語で『義勇軍行進曲』を唄いました。この作品は劇作家である田漢《デンカン》が作詞し、聶耳《ニュアル》が作曲したものです。この歌は、戦争中に中国人民の間で広く歌われ、新中国になって国歌として制定されました。

聶耳は一九三五年、ヨーロッパへ行く途中に日本に立ち寄りましたが、神奈川県の湘南、鵠沼《くげぬま》海岸で水死してしまいました。田漢は一九一六年に日本に留学し、郭沫若らと行動を共にしましたが、その後文化大革命で批判され、一九六八年に獄死しました。残念ながら二人は、不慮の死に遭遇したのでした。

＊中国ではエスペラントを世界語と今でも言い、世界語者とはエスペランティストのことです。

＊チニーオ・フルラス、中国は吼《ほ》える、の意味。

＊巻末に楽譜と歌詞を収録。

「売国奴と呼んでください」

一九三七年七月二八日、日本の陸軍は華北で総攻撃を開始し、八月一三日には海軍が上海で中国軍に攻撃を加えました。八月一五日には、日本政府は南京《ナンキン》政府を「断固膺懲《おうちょう》する」という声明を出し、首都南京を攻撃しました。それを見た長谷川テルは、日本のエスペランティストたちに公開の手紙を書きました。

友人知人に、検閲を思って手紙を出せなかったことを記した後、次のように書きました。

「みなさん、自分がどんな民族に属していようと、人間らしい心、明晰な理性をもっている人ならば、かならず中国に同情するでしょう。私は畜生ではありません。私もまた正義について学びました。それで、私の頭から、たえずつぎのような疑問がはなれないのです。――いったい、私はなにをなすべきなのか？　ある同志たちのように、戦線におもむくべきか。それとも、婦人の同志たちのように難民や戦傷兵たちのために働くべきなのか。

しかし、私にはそれはできません。なぜなら、私は中国語を話すことさえろくにできない無力な女性なのですから。

ただ、さいわいにして、私はエスペランティストです。そうです。『さいわいにして』と私は言います。なぜなら、私がこの日本帝国主義と戦う革命的な闘争のなかに小さな持ち場を見つけることができるのは、エスペラントのおかげだからです。（中略）

私がペンを手にすれば、心のなかには抑圧された正義を思う熱血が煮えたぎり、野蛮な敵にたいする怒りが火のように燃えあがるのです。また、私の心は中国の民衆とともにあるという喜びにみたされるのです。

お望みならば、どうぞ私を売国奴と呼んでくださっても結構です。私は、これっぽっちもおそれはしません。むしろ、私は他民族の国土を侵略するばかりか、なんの罪もない無力な難民の上に、この世の地獄を現出させて平然としている人びとと同じ民族のひとりであることを恥とします。ほんとうの愛国主義は、人類の進化とけっして対立するものではありません。でなければ、それは排外主義なのです」（長谷川テル著『嵐の中のささやき』）。

時代の逆流に抗して

時代は、マルクス主義者や社会主義者を自称していた著名な知識人たちが、時流に乗るかのように変節して、中国に敵対していく状況でした。長谷川テルの手紙は更に続きます。

「人間というものは、こんなにもやすやすと良心の最後のかけらさえも、投げ捨てることができるものなのでしょうか。しかし、皆さん、私はあなた方を信じております。ただの一歩といえども、あなたがたが彼らに近づかないであろうことを私は確信しております。なぜなら、進歩的なエスペランティスト、真実の国際主義者であるあなただけが、この戦争の意義と、それぞれがとるべき行動の正しい方向とを最後まで理解することができるのですから。

中日両民族のあいだには、根本的な敵対感情などはなにひとつありはしません。歴史をひもといてごらんなさい。その反対に、私たちはいずれの民族の側にも親密な関係を見いだすでしょう。一九一一年、中国の辛亥革命《しんがいかくめい》の当時、たくさんの日本人がお隣の民族の解放のために、自ら進んで血を流しました。また数年前には、両民族の労働者たちがプロレタリアートの解放のために、どんなにしっかりと手を握りあったことでしょうか。（中略）
この戦争に中国が勝利することは、たんに中国民族の解放を意味するだけでなく、日本を含むすべての極東の被抑圧民族の解放を意味するのです。それは、全アジア、そして全人類の明日への鍵なのです」（長谷川テル著『嵐の中のささやき』）。
辛亥革命は、清朝を打倒して中華民国を誕生させた革命です。革命派だった孫文らを支援した日本人も多く、その代表的な人物としては映画会社の日活を作った実業家である梅屋庄吉や、その梅屋から支援を受けて革命派を応援した宮崎滔天らがいました。
テルはしっかりとそのことを認識していたのです。

民衆を裏切らなかった長谷川テル

長谷川テルの中には、日本の民衆と帝国主義者たちとの区別がしっかりとありました。

実は先の公開書簡より一か月前に、テルは上海で《愛と憎しみ》という文章を書いています。

「砲火と砲煙がこの国際都市をおおい、恐慌と恐怖の叫び声があがっている。おそろしいまでに静まりかえった真昼の大気をふるわせて、砲声が轟《とどろ》いている。いま、あそこでは何百人という人びとが殺されたにちがいない。ある者は声もなく最後の息をひきとり、他の人びとの血塗られた肉体は、泥にまみれて苦しみもだえながら、のたうっているだろう。

（中略）

フランス租界のうそ寒い街角という街角を、難民たちが蟻《あり》のようにくろぐろと埋めつくしている。どの通りを通ろうと、しわだらけの手や子どもの手が、道ゆく人にむかってさしのべられる。

誰がこんな目にあわせるのか？　日本人たちだろうか？

いや、そうじゃない！　私はいそいで頭を横にふり、全身の憎しみをこめて答える。

――日本の帝国主義者どもなのだ！」（高杉一郎著『中国の緑の星』）。

テルの姿勢は、大勢に流れる〝進歩的な知識人〟とは画然と違っていたのです。現代史における日本の知識人たちの行動を見て考える時、テルの叫びは本当に特筆すべきことだと思います。

また次のようにも書いています。

「いま私は、できることなら中国軍に従軍したいとさえ思っている。中国軍が日本人民と戦っているからでなく、日本の帝国主義者どもと戦っているからであり、中国軍の勝利がアジアの明るい未来に寄与すると思うからだ。

それと同時に、私は仲間といっしょになって、声をかぎりに日本の兄弟たちに呼びかける。いたずらに血を流すのは、おやめなさい。あなた方の敵は、海の向こうの中国にいるのではないのです、と」（高杉一郎著『中国の緑の星』）。

上海を脱出し南方へ向かうテル夫妻

上海の租界にも日本軍は攻め入り、もはや安全地帯ではありません。テルは夫の劉仁とともに、抗日戦争の新しい中心地である漢口《カンコウ》*へ向かうために上海を脱出します。途中、香港や広州に滞在するなど一年ほどの旅の末に、漢口で郭沫若やエスペランティストの胡愈之《コユシ》らの計らいによって国民党中央部国際宣伝処対日科に迎えられました。

なぜテルは国民党に迎えられたのか。一九三六年一二月、国民党の若き闘士、張学良《チョウガクリョウ》が西安で蒋介石を監禁し、内戦停止を要求した西安事件が起こりました。この時、周恩来が調停を行った結果、蒋介石から、内戦停止と国民党と共産党が一致して日本に対して闘う約束を取り付けました。そして第二次国共合作が一九三七年九月に成立したのです。国民党の国際宣伝処対日科もまた、対日放送員を求めていた事情もありました。

長谷川テルは、マイクの前で日本軍の将兵たちに日本語でこう訴えました。

「日本の将兵の皆さん！　皆さんは、この戦争は聖戦だと教え込まれ、そう信じているかもしれませんが、果たしてそうでしょうか。違います。この戦争は、大資本家と軍部の野合世帯である軍事ファシストが、自分たちの利益のために起こした侵略戦争なのです。日本にいるあなた方の家族は、おなかをすかせて、ひどく苦しんでいます」（高杉一郎著『中国の緑の星』）。

正確なテルの日本語の声は、日本の将兵たちに動揺を与えたようです。長谷川テルの正

＊現在は武漢の漢口地区といわれる。

体は、しばらくして日本の「都新聞*」が明らかにしました。「都新聞」は以下のように報道しました。

〈今夏、わが無敵皇軍が漢口攻略の火蓋《ひぶた》を一斉に切るや、今度はこの怪放送が漢口を舞台として毎夕行われ、日本軍の誹謗《ひぼう》、日本経済に関するデマを紅い唇に載せて毒づき始めた。かくて、去る二十七日午後五時三十分！　神速皇軍の威力が完全に武漢を圧したその刹那《せつな》から、この怪放送はハタと止まってしまったが、間もなく覆面の女性長谷川照子の全貌が明るみに曝《さら》されるに至った〉

更に、「都新聞」の記事、一九三八（昭和一三）年一一月一日付の見出しには次のようにありました。

〈〝嬌声《きょうせい》売国奴〟の正体はこれ　流暢・日本語を操り　怪放送・祖国へ毒づく　〝赤〟くずれ長谷川照子〉

世界的視野を持っていたテル

この激動の時代、長谷川テルは武漢に三カ月ほどいてその後、国民党国際宣伝処対日科と共に武漢を離れ、重慶に向かいます。一方、周恩来、郭沫若、胡愈之らの三人は一九三八年一月、国民党統治地区の武漢市内で「新華日報」を発行した後、同年一〇月武漢を去り、重慶に移りました。ちなみに、広島に原爆が投下された時、この「新華日報」は、「原爆投下は人類への犯罪であり、許されない。原子力は平和利用に活用すべきだ」

*現在の「東京新聞」の前身。

という社説を掲げました。

国民党、共産党と一線を画すもう一つの政治勢力に汪兆銘《オウチョウメイ》（号は精衛《セイエイ》）のグループがありました。汪兆銘は国民党の重鎮でしたが、蒋介石の個人独裁を批判し、また理論家として一切の官職に就かなかった清廉さが人望を集めましたが、日本との和平を求め一九三八年、陳公博《チンコウハク》、周仏海《シュウフッカイ》らとともに重慶を脱出しハノイに向かい、対日和平声明を発表しました。

このような複雑な中国国内の動きを長谷川テルはどこまで理解していたでしょうか。結果的にテルは、一九三八年の冬から一九四五年の冬まで重慶で暮らし、最終的にテル夫妻は国民党の国際宣伝処対日科を離れて、郭沫若が主任になった文化工作委員会の第三班に所属し、抗日文化宣伝工作に従事していきます。そして周恩来が指導していた「新華日報」や、延安から発行されていた「解放日報」などにもテルの文章が発表されました。テル夫妻は国民党から離れて中国共産党に共感していったのでしょう。

ここで忘れてならないのは、長谷川テルの眼は日中戦争だけでなく世界的な視野を持ち、一九三六年から始まったスペイン戦争についても言及しています。

選挙で選ばれたスペイン人民共和国政府に対して、右派のフランコ将軍がスペイン領モロッコで反乱し、スペイン全土で内戦が巻き起こりましたが、正義感に満ちた世界の若者たちが共和国政府を支えようとスペインにはせ参じました。テルはこう書いています。

「みなさん、見て下さい。西欧ではイタリーとドイツ・ファシストの悪魔の手が、スペインの革命的な人民を苦しめるのに狂気のようになっているし、ヒットラーはたえずユダヤ人の殺りくをしており、オーストリーにその爪をのばし、チェコの領土をひきさきました。そして東洋ではそれにあわせて、血に渇《かわ》いた兄弟、日本のミリタリストがすでに一八ヶ月、広大な地域と無数の中国人民をふみにじりました」（利根光一著『増補版 テルの生涯』）。

またテルは、

「――すべての世界はいまや二つの大きな絶対的な陣営にわかれています。平和と侵略とに。どちらに私たちは加わるべきでしょうか。中立的存在はけっしてありえません。あなた方、平和のためにたたかう者と自称する人びとはどうしてこのような嵐のときに、まるで黙っているのですか。

ＵＥＡと、ＩＥＬ、ＳＡＴと、ＩＰＥ（注）あるいは社会民主主義の、あるいはアナーキストのみなさん。

あなた方のあいだのささいな違いを、まだ言い続け、そして合一するのを延期するつもりでしょうか。力を分割することは私たちにとっては、はなはだ不利ですし、人類の破壊者、平和の破壊者にとっては利益になるのです。

注：エスペラントのそれぞれの世界的な組織。ＵＥＡ（Universala Esperanto-Asocio）は世界エスペラント協会、ＩＥＬ（Internacia Esperanto-Ligo）は国際エスペラント連盟、ＳＡＴ（Sennacieca Asocio Tutmonda）は国民性なき全世界協会、ＩＰＥ（Internacio de Proleta Esperantistaro）は国際プロレタリアエスペランティストのこと。

私たちの敵は唯ひとつ――ファシストたちです」（利根光一著『増補版 テルの生涯』）。

「私たちエスペランティストは本質的に平和の前衛であること、したがって私たちは私たちのまわりに統一戦線を拡大し、ひろくエスペランティスト以外のものにおよぶ真に国際的なスケールにまで、大きくする義務があります――」（利根光一著『増補版 テルの生涯』）。

ペンで闘い続けるテル

中国大陸への侵略だけでなく、日本は新たな戦端を開きました。一九四一年一二月八日、ハワイ・オアフ島の真珠湾に停泊していたアメリカ海軍の太平洋艦隊と基地を攻撃し、アメリカ、イギリス、オランダとの戦いに突入しました。中国にいたテルは当時二九歳、果敢にペンで闘っていました。そして六月には石川達三の小説『生きてゐる兵隊』のエスペラント訳を完成させました。

『生きてゐる兵隊』は、一九三八年三月号の『中央公論』に発表されました。作家たちは戦時協力に追随して現地に行き、戦意を高める従軍記を発表しました。しかし石川達三が他の作家と違うところは、赤裸々に日本軍人の悪辣非道な実態をこの小説で明らかにしたことです。そのため、発表されるやいなや、内務省の通達により発売禁止、書店に並ぶ時間もなく、一般の人たちの目にふれることなく消えてしまい、戦前では幻の名作としてその存在が噂される作品だったのです。

周恩来も称賛したテルの活動

その頃、重慶にいた周恩来もテルの活動に目を見張りました。一九四一年七月二七日、重慶の文化人たちが集まる席で周恩来はテルに対し、「日本の帝国主義者はあなたを売国奴のアナウンサーと言っていますが、あなたは日本人民の忠実な娘であり、真の愛国者です」と褒めたたえました。

一〇月には、テルと劉仁夫妻に初めての子ども、長男が生まれました。名前は、希望の星になることを願って劉星《リュウセイ》と名付けました。また、テルのエスペラントによる散文集、上海以後のテルの回想記『嵐の中のささやき』も「中国報導」編集部より出版されました。

日本の敗戦

一九四二年、テルの母よねが東京で亡くなりましたが、テルはもちろん知ることはありません。闘うテルは、全世界の反ファシスト統一戦線を結成するためタイプライターを叩き続けて、〈全世界の反ファシスト統一戦線の兄弟たちよ、われらの共同の敵を打倒しよう！〉〈現今の日本婦人の生活〉〈黎明《れいめい》の合唱〉〈国際青年祭のための題詞〉などの原稿を「中国報導」や「新華日報」に発表しました。

そして一九四五年五月には、『戦う中国で』が重慶世界語通信教育社から出版されました。そこでは、劉仁の後を追って、上海、広州、漢口まで抗日戦線に従軍した日々が綴られています。

八月一五日、ついに日本は中国に敗北し、米英にも敗北しました。テルは雑誌「反攻」の編集室でそれを知りました。当時の「反攻」の編集部と印刷所は重慶にありました。「反攻」は、一九三八年漢口で創刊され、月に二回発行されていました。主な内容は、抗日運動の呼びかけ、東北抗日義勇軍などの抗日闘争の実情を紹介するもので、若者たちに大きな影響力を持っていました。

重慶の街は勝利の喜びに沸き立ちました。勝利を祝うたいまつ行列の中にいるテルの心はしかし、中国の人々とは違ってやはり複雑でした。

日本敗戦後の九月一一日、テルは「岐路に立つ日本」と題し、「祖国を離れてすでに八年。祖国への思いは日本が以後、再び爆発しそうな火山になることなく、明るい颯爽《さっそう》たる島国であることを望む」という日本の未来への期待を込めた文章を書きました。

テルの心の中には、愛する肉親や友人たちがいる日本への望郷の念があったことでしょう。一度帰国して両親や友人たちと会って話したい、という思いもあったことでしょう。しかし、中国では日本との戦いに勝利した酔いも冷めやらぬ束の間の平和な時に、毛沢東率いる中国共産党と蒋介石率いる国民党との内戦が勃発したのです。

劉仁の故郷へ出発

一九四五年九月一八日、テルと劉仁は、組織の指示により、反内戦工作に従事するために、東北へ旅立つことが決まりました。一一月、劉仁はテルと長男の劉星を連れ、まず漢口に移動しました。その時、テルのお腹にはもう一つの命が宿っていました。

しかし厳しい中国の状況は続き、一九四六年一月、東北への旅の途中、長男の劉星が国民党特務によって誘拐されました。しかし一月一〇日、共産党と国民党の停戦協定が成立し、劉星は夕刻、二人のところに帰ってきました。そして南京経由の船で上海に到着しました。

二月上旬、テルと劉仁は、上海より海路北上して、二月中旬には劉仁の故郷に近い瀋陽に着くことができました。この瀋陽で四月、二人目の子ども、劉暁蘭《リュウギョウラン》＊が生まれました。この時、劉仁の弟の劉介庸《リュウカイヨウ》が、故郷から兄である劉仁の妻を連れてきたのです。

一方的に〝結婚〟させられた劉仁

結婚は家のためと考えられた封建的な時代です。劉仁も家に縛られ、一二歳の時、親によって一方的に結婚させられました。かつての中国では、小さい時に親同士が結婚相手を決めるという封建的な結婚事情があったのです。しかし劉仁は、家からおよそ一二〇キロも離れた営口《エイコウ》の水産専門学校に入学して寮に入ります。学費や生活費などは今までのように親が負担していました。嫁の楊春揮《ヨウシュンキ》を養っていたのも劉家でした。

劉仁は、このような事実をいずれはテルに話さなければいけないだろうと考えていたよ

＊後の長谷川暁子。

うです。日中戦争下の中国での劉仁とテルの厳しい生活は、知人たちからも離縁した方がいいのではないかと言われたこともあったようですが、劉仁はテルを愛していました。それ故にまた、かつて親が一方的に決めたとはいえ、結婚していたという事実をテルに言うことはできませんでした。

再び佳木斯に向かう二人

一九四六年一一月、劉仁とテルは再び、佳木斯《ジャムス》に向かいました。東北人民政府副主席となった高崇民《コウスウミン》の夫人と二人の子ども、劉仁とテル、劉星と劉暁蘭の二人の子ども、そして劉仁の弟・介庸です。すでに東北地方（旧満洲）は国共内戦を経て、中国共産党の支配地区になっていました。

一九四七年一月七日、東北行政委員会第一三回会議は、「緑川英子と劉仁を東北社会調査研究所研究員とする」と決定しました。緑川英子とはテルの中国名です。この頃、テルのお腹には三人目の子どもが宿っていましたが、テルは流産する道を選びました。しかし流産の手術は失敗でした。当時の不衛生な手術器具から感染症になり、テルは亡くなりました。なぜ流産の道を選んだのか。劉仁が結婚していたことを知って劉仁を嫌いになったからではないか、と推測する人もいるようです。しかし、テルの健康問題が大きかったのではないか、というのが多くの研究者たちの結論のようです。

劉仁とテルと子どもたちが住んでいた重慶の気候の悪さ、また重慶には栄養不足から結核に感染する人々が非常に多かったようです。ともあれ、テルは三四歳の若さで亡くなったのです。後を追うように、三カ月後、身体が弱かった劉仁も死亡しました。

二人の子ども、劉星は五歳になったばかり、また劉暁蘭は歩き始めたばかりです。その後、幾多のドラマを経て、二人の子どもはテルの実姉・西村幸子と再会し、一九九七年八月、日本のエスペランティストたちは、劉星と劉暁蘭を第六六回日本エスペラント大会に招待しました。また劉暁蘭は、長谷川暁子として日本に永住することになりました。

その後、長谷川テルの人生は、テレビドラマ『望郷の星・長谷川テルの青春』として放映されるなどして、広く知られるようになりました。

そして今、長谷川テルは中国での筆名である緑川英子という名前、Verda Majo（ヴェルダ・マーヨ、緑の五月）というエスペラント名という三つの名前をもって平和のために闘った「国際主義戦士」として、劉仁とともに佳木斯の烈士陵園に葬られています。

第五章　彷徨える理想主義者 由比忠之進

一九六〇年代半ば、アメリカは社会主義の北ベトナム、正式にはベトナム民主共和国に対してナパーム弾などの最新兵器を使って爆撃し（北爆）、また大量の米軍太平洋艦隊の兵士を動員して南北ベトナムの民衆を無差別に攻撃していました。当時のベトナムは南北に分断されており、南ベトナムはグエン・カオ・キが支配するアメリカの傀儡政権でした。北はベトナム労働党主席でベトナム民主共和国主席のホー・チ・ミンが率いる国で、南にはベトナム民族解放戦線が活躍していました。

大国アメリカがアジアの小国ベトナムを激しく爆撃したベトナム戦争は、大きな影響を世界に与えていました。心ある人たち、とりわけ正義感の強い世界の多くの若者たちは、ベトナム戦争を止めさせるために各国でベトナム戦争反対のデモ行進をして反戦活動を行っていました。

日本では今は亡き作家・小田実を先頭に、鶴見俊輔らの知識人たちによって『ベトナムに平和を！　市民連合』（略称：ベ平連）が結成され、反戦運動が果敢に展開されていました。ベトナム反戦運動は日本だけでなく、ヨーロッパからアメリカまで全世界的な広がりをもっていました。

私は一九六八年夏、訪欧を予定していたところ、今は亡き伊東三郎＊から、ブルガリアのソフィアで開かれる世界青年平和友好祭に参加してはどうかと誘われました。その大会に参加していた社会主義ドイツ学生連盟（ＳＤＳ）の青年たちは、ルディ・ドゥチュケを指導者として仰ぐ西ドイツの新左翼グループでした。彼らはソフィアでのアメリカ政府への抗議集会で、〈ホー・チ・ミン！　ホー・チ・ミン！〉と、闘うベトナムの指導者の名前をシュプレヒコールして、アメリカへの抗議の声を挙げていました。

また、キューバ革命を指導したチェ・ゲバラは、〈第二第三のベトナムを創れ！〉と、ベトナム戦争を契機に世界中に反戦運動を広めるために、若者たちに強いアピールを発信していました。

首相官邸前で焼身自殺して抗議

一九六〇年代後半当時、日本の佐藤栄作政権はアメリカ政府に追随し、沖縄を始めとするアメリカの軍事基地はベトナムへ出撃する米軍を背後から支えていました。多くの市民の反戦運動にもかかわらず、ナパーム弾や枯葉剤などを投入してベトナムの民衆を攻撃するアメリカ政府を支持し軍事的協力を推進する佐藤首相は、一九六七年一一月一二日、訪米しようとしていました。その前日の一一月一一日、由《ゆ》比《い》忠《ちゅう》之進《のしん》は、佐藤首相の政治姿勢に抗議するために、首相官邸前で焼身自殺をしました。

＊『ザメンホフ――エスペラントの父』の著者。

その頃、南ベトナムでは仏教徒である僧侶の何人かが、アメリカに追随する南ベトナムのゴ・ディン・ジェム政権とアメリカ政府に抗議するために、焼身自殺をしたことがありました。当時の南ベトナム政府の大統領夫人ゴ・ディン・ヌーは、焼身自殺を「人間バーベキュー」と言って揶揄《やゆ》していました。

由比忠之進が焼身自殺で抗議したことに日本の人々は驚き、マスコミでも大きく報道されました。由比は、佐藤首相への抗議の遺書をもっていました。

そこには、「私ごとき一介の庶民が何を訴えたとて何の効果も期待できないことは百も承知でいながら、も早がまんできなくなった」と、焼身自殺する気持ちを記しています。

朝日新聞は、「どこへ、だれに訴えていいかわからないで、悩みぬいた末の覚悟の行動」と由比忠之進の行動を報じました。

若い頃からエスペラントを学ぶ

由比忠之進は一八九四年、福岡県前原（現在の糸島市）で生まれ、忠之進と名付けられました。父親が「国に忠義を尽くす人になるように」という思いがあったのでしょう。生年は、日清戦争*が始まった年でした。由比忠之進はしかし、父の期待に背を向けて夜逃げのようにして上京し、苦労しながら東京高等工業学校、当時、蔵前高等工業と呼ばれていた学校、現在の東京工業大学に入学しました。

時代は大正デモクラシーの高揚期です。エスペラントも盛んに学ばれていた時代でした。

*中国では甲午戦争という。

由比は、新しい思潮の一つであったエスペラントを学び、平和と人類愛の思想に共感しました。

学校を卒業後、由比忠之進は木工場を経営しますが失敗し、どん底の生活を味わいます。しかし、親戚の紹介で名古屋中央放送局、現在のNHK名古屋放送局に電気技師として就職し、まもなく、旧満洲の紡績会社に乞われて電気技師として中国東北に渡りました。

平和を愛し人類愛に目覚めているエスペランティストの由比忠之進は、「五族協和*」と言いながら、現実に〝満洲〟で目にした日本人の横暴さ、中国人に対する差別に対して会社に待遇改善を求め、技術者の中では最も進歩的でした。しかし、それが逆に会社に疎《うと》んじられ、電気技師とは関係のない北満の農業経営の業務に飛ばされてしまいました。

*一九一二年、中華民国が成立した際に孫文によって掲げられたスローガンは五族共和で、「漢満蒙回蔵」の五族の統一をうたったが、日本は〝満洲国〟成立後「日漢朝満蒙」と変えた。

日本敗戦後、中国残留を望む

一九四五年八月一五日の日本の敗戦は、日本人と中国人の関係を逆転させました。多くの日本人は相次いで中国から引揚げ、日本に帰国しました。しかし由比忠之進は、日本人が犯してきた罪の一部分でも償うことができればと思っていました。

当時、大連にいた残留日本人たちのリーダーだった石堂清倫《いしどうきよとも》は『わが異端の昭和史』（平凡社）で、「（由比は）中国の新しい経済建設に参加することは日本人の歴史的任務であるから、妻子は一足さきに帰国させ、単身北満に出かけると言いだした。骨はそこに埋める覚悟であった。彼の意気は大いに壮とするが、夫人とともに出かけなさい、それができなければ大連に残るように勧めたけれども振りきるように北へ去った」と記しています。

由比忠之進は破壊された紡績工場を再建するため、家族たちを日本に帰国させ、自分ひとりが中国に残ることを決めました。

中国に残った由比は、いつも胸のところに緑のバッジをつけていました。そのバッジはエスペランティストであることを示すものでした。このバッジをつけていれば、いつか中国人エスペランティストに出会うことがあるだろうと思っていたのです。

一九四七年二月、由比忠之進は紡績管理局の敷地調査でハルピン、牡丹江《ボタンコウ》、佳木斯《ジャムス》などを回っていました。そして牡丹江の紡績工場で休んでいる時、デスクの上にエスペラントの本を広げて読んでいました。すると、ある中国人が「あなたはエスペランティストですか」と日本語で声をかけ、「長谷川照子を知っていますか」と訊いてきました。由比は、照子こと長谷川テルの存在を知りませんでした。

由比忠之進は満鉄調査部にいた石堂清倫とも付き合いはありましたが、石堂からも長谷川テルの名前を聞いたことがなかったようでした。石堂清倫は東大の新人会出身でエスペラント運動にも参加しており、長谷川テルの反戦放送も当然知っていたはずですが、仕事上、誰にもそのことを話さなかったのでしょう。

由比忠之進に声をかけてきた中国人とは、テルの夫、劉仁の弟、劉介庸でした。

焼け跡闇市時代に帰国

日本敗戦時の由比忠之進の心模様を、友人のエスペランティストである伊東三郎は以下のように書いています。

「惨憺《さんたん》たる敗戦に自信も生活も粉砕された。数か月は幽霊のような放心虚脱のうちに過ぎた。戦争が何であったか、やっと判ってきた。残酷に他を殺害し、自らも滅亡する罪悪であることを知った」（比嘉康文著『我が身は炎となりて』）。

由比忠之進はひとり中国に残りましたが、家族たちは一九四七年二月、日本に引き揚げました。由比の長女・正枝は、「父は余りにも身勝手すぎる」と怒ったようですが、家族は当初、由比家のある福岡県前原に身を寄せ、生活するようになりました。

由比自身は一九四九年九月、日本の舞鶴に引き揚げてきました。二〇日ほど入院した後、当時横浜にいた妻や長男らが待つ家に帰ってきました。

敗戦後の日本では、何人かのエスペランティストが長谷川テルの消息を気にしていました。そのひとり三宅史平《みやけしへい》は、敗戦翌日の八月一六日からエスペラント運動を再開すべく活動を開始し、中国東北部（旧満洲）、台湾、朝鮮など海外を除く日本にいる会員六四六人に、「今後の運動方針」を問うアンケート調査を実施しました。しかしそのうち、百通ほどの手紙が宛先不明で返ってきました。

由比、エスペラント学会を訪ねる

由比忠之進は一九四九年一一月九日、日本エスペラント学会に三宅史平を訪ねました。『エスペラント小辞典』などの著作もある日本有数のエスペランティストである三宅史平は、ずっと気にかかっていた長谷川テルのことを由比に聞きましたところ、一九四七年、中国東北の佳木斯でテルが死んだことを伝えました。当時この事実は、日本のエスペラント仲間では誰も知る人はいませんでした。

三宅史平は初め、由比の話を疑問に思っていたようです。しかし由比の話を聞くうちにそれは確信に変わりました。三宅はこう書いています。

「長谷川照子という、その人の本名さえ知らない由比の話も、よく問いただしてみれば、疑いようもないことであった。ソヴィエトか中国かの同志に出あいはしないかと、いつも緑星章をつけ、また、接する人ごとにエスペランティストのことをたずねたが、たった一人、中国人のエスペランティストに出会った。『この人が緑川女史の義弟であった』と由比さんは話されたが、緑川とは、長谷川照子さんの匿名であり、その人の夫は、たしかに劉姓の人で、東北の人であったから、人ちがいではない」（比嘉康文著『我が身は炎となりて』）。

一燈園に入る

由比忠之進の人生は戦後も波乱に満ちたものでした。現実の生活にとらわれない理想主義者であった由比は、敗戦後の日本で新たな模索を続けていたのでしょう。ザメンホフの

「我々は人類の一員である」という人類人主義、いわゆるHomaranismoに共感していた由比忠之進は彷徨い続けていたのです。

そして由比は突然、家族の前から姿を消しました。帰国した翌年の一九五〇年のことです。長女の正枝は、「どこへ行ったか分からず、家族は心当たりの場所をみんなで手分けして探したのですが、まったく居場所が分からなかった」と語っています。

由比忠之進は若い時から、理想主義者として生きてきましたが、家族の眼には「父は余りにも身勝手だった」と映ったとしてもやむを得なかったかもしれません。

由比忠之進はどこに行っていたのでしょうか。実は京都にある「一燈園」に入っていたのです。

一燈園は一九〇四年、思想家あるいは宗教家ともいえる西田天香《にしだてんこう》が京都市山科区（四ノ宮柳山町）に創設した精神修練道場です。天香が唱える「懺悔の心」を持って、無所有の共同生活をして奉仕や托鉢《たくはつ》を行う一燈園の人々は街に出て、見知らぬ家を訪ね、その家の便所を掃除するということで知られ、二〇二一年の今でも存在し多方面で活動しています。

戯曲『出家とその弟子』で知られる劇作家の倉田百三《くらたひゃくぞう》や俳人・尾崎放哉《おざきほうさい》なども一時、この一燈園にいたことがありました。一燈園の〈人は自然にかなった生活をすれば、何物を所有しなくとも、また働きを金に換えなくとも許されて生かされる〉という考えは、一部の人々を引きつけました。

由比忠之進は一燈園で、午前四時から一時間ほど仲間と一緒に荷車を引いて京都の街に出ます。そして料理屋の残飯を集めます。豚の餌にするためです。また前述したように、よその家に行って便所掃除などをしたりして、お布施で生活をしていました。

名古屋でのエスペラント活動

しかし、東京高等工業学校時代の友人が由比を探し出し、説得して一燈園を辞めさせました。そして由比は、名古屋の八千代電設に入社しました。結果的に由比の一燈園での生活は一年ほどでした。

名古屋は戦前、由比忠之進がエスペラント活動をしていた地であり、エスペラント関係の友人知人も多かったところです。離ればなれになっていた家族、妻と三男の亨の三人で由比は名古屋で生活するようになりました。その後、友人の紹介でＮＨＫ名古屋放送局に勤めました。由比の仕事は視聴者から持ち込まれる壊れたラジオを修繕することでした。由比は、当時の日本では最先端の電気技術と知識を持っており、大変評判が良かったようです。

真面目にサラリーマン生活を続けながら、仕事を終えるとエスペラントの講習会や会合に出かけていました。名古屋は戦前からエスペラント活動が盛んな土地でした。反骨のジャーナリストとして知られる桐生悠々《きりゅうゆうゆう》は「新愛知新聞」の主筆として健筆を振るい、エスペラント運動の強力な支持者の一人でした。また「新愛知新聞」と並ぶ「名古屋新聞」*の主幹、柴田義勝は東京での記者時代、神田のエスペラント社で由比と共にエスペラント

＊ちなみに両紙はその後一つになり、現在の中日新聞になった。

を学んだ仲間でした。

朝鮮戦争勃発

一九五〇年六月、朝鮮戦争が勃発しました。アメリカのトルーマン大統領は、韓国軍を援助するために海空軍に出撃命令を下しましたが、最終的に一九五三年の七月、休戦会談が行われ、朝鮮半島は東西ドイツと同様に南北に分断され冷戦構造が残りました。南北に分断されたベトナムもまさに冷戦構造の産物でした。

このような状況のなか、一九五三年九月四日、オーストリアで「平和を守るエスペランティストの国際集会」が開催されました。三日間の会議の結果、生まれたのがＭＥＭ（メム）、「世界平和エスペラント運動」です。ＭＥＭの宣言文はこう記しています。

「人間殺戮《さつりく》の新たな危険はいつも目前にあります。このゆえに平和運動の勢力は常に、戦争計画者の動きを見守らなければなりません。平和を愛するすべての者が、人民が、組織され、平和を守るために立ち上がった時にだけ、戦争計画者の新たな戦争をくい止めることができます。戦争と平和に関しては、どんな『中立性』もありません。私たちのもっとも重要で直面する任務は平和を守ることです。平和を守ろうとするエスペランティストのグループや個人を結集して、国際補助語エスペラントを、この運動に役立てながらも、独自に組織された勢力として、平和運動のなかで活動しなければ、という考えが生まれてきました」（比嘉康文著『我が身は炎となりて』）。

世界中のエスペランティストが連帯して世界平和に貢献しようと宣言したのです。

抑圧されたソ連圏エスペラント運動

戦後の冷戦時代、大国ソ連を支配していたのはスターリンでした。ロシア革命の指導者レーニンの死後、トロツキーとスターリンは後継路線を巡って激しい闘いを演じました。トロツキーは、社会主義は一国で成し遂げられるものではない、世界革命の過程の中で進むものであるという世界革命論・永続革命論を唱えて、スターリンの一国社会主義論・二段階革命論と政治的な対立を生み出しました。

しかし、文学や芸術論にも造詣が深いトロツキーはスターリンに敗れ、国外に追放されました。亡命先を転々とせざるを得なかったトロツキーは、最後の亡命の地メキシコでもスターリンとの闘いを続けていましたが、スターリンが放った刺客によって暗殺されてしまいました。

スターリンは政敵をことごとく葬り去り、冷血な独裁者として君臨し、解放とは裏腹に、閉鎖的で硬直し、鬱屈した一国社会主義の建設に猛進して、抑圧的な政治体制を築きました。

一九五〇年六月、スターリンはロシアナショナリズムを鼓吹し、『言語学におけるマルクス主義について』という論文を発表しました。そしてソ連のロシア語学者たちは「ロシア語を学べ！　ロシア語だけがただひとつの世界語になるだろう」と主張しました。

ソ連や東欧圏の〝社会主義圏〟のエスペランティストたちは弾圧されました。日本のエスペランティストたちと文通していたソ連や東欧圏のエスペランティストたちは、「手紙を送らないでくれ」と警告してきました。

スターリンは、三年後の一九五三年に亡くなりました。そして一九五六年、ソ連共産党第一書記フルシチョフが党大会における秘密報告でスターリンの罪状を告発しました。スターリンの圧政から解放されたソ連東欧圏では、抑圧されてきたエスペラント運動が復活しました。その功績に貢献したのがＭＥＭ（世界平和エスペラント運動）でした。ＭＥＭの日本支部が一九五七年三月に発足し、機関誌『ＰＡＣＯ《パーツォ》』（平和の意）を発行しました。会員は五四人。名古屋にいた由比忠之進はＭＥＭ日本支部長を引き受け、『ＰＡＣＯ』の編集発行に携わりました。

「ソ連帝国主義」を告発した由比忠之進

由比忠之進の中国大陸での体験が強く出た、あるエピソードを紹介しましょう。スターリンの罪状が明らかになっても当時、日本の革新的な陣営にいた人たちの間では、ソ連は〝進歩的な国〟に見られていました。

一九六一年、富山市で開催された日本エスペラント大会のＭＥＭの分科会で、ある人が「平和の敵を規定せよ」と迫り、アメリカ帝国主義を批判しました。それに対して由比忠之進は、「ソ連もまた帝国主義国家である」とはっきりと告発しました。

一九六〇年代半ばまで、ソ連が核実験を強行した時、日本の左翼陣営は「アメリカ帝国主義の核実験とソ連の核実験とは違う」という意味合いでソ連の核実験を擁護し、反戦平和運動や学生運動が分裂した状態を作りだしていました。

このような状況のなかで由比忠之進は、ソ連を告発したのです。それこそ大陸での苦い体験からほとばしり出たものでした。

一九四五年八月九日、旧満洲に突如侵攻してきたソ連軍は、日本の敗残兵や壮年の男たちをシベリアに連行して過酷な労働をさせ、また婦人たちを凌辱《りょうじょく》し、工場の機械などをソ連に持ち去りました。由比忠之進は〝満洲〟でのソ連軍支配下の実態を肌で知っていました。その苦い体験に裏打ちされて、「ソ連帝国主義」という表現になったのでしょう。

ソ連の核実験は、アメリカ帝国主義に対する防衛的なものであるとして、左翼陣営がしばしば擁護していた状況での由比忠之進の発言はとても勇気があり、また鋭いものであったと言えるでしょう。由比忠之進は一部の人たちから「反動分子」と言われたようでした。

エスペランティスト星田淳《あつし》は、「由比さんの発言は当時としては相当勇気のいるものだった。ソ連も帝国主義と思っている人は多かっただろうが、集会など公の場で発言する者はいなかった。当時は〝きれいな原爆〟という言葉さえあった時代である」と話しています。

原爆被災者を支援する由比忠之進

　由比忠之進はＭＥＭの活動に力を入れ、当初五四人だった会員は一三〇人まで増えました。その頃の由比忠之進の様子をエスペランティストの阿部祈美《きみ》は、

「由比さんは、東京では失敗したと伝えられていた世界平和エスペラント運動だったが、名古屋の自宅で特許弁理士の仕事をしながら、ＭＥＭの活動を引き受けておられた。日本支部は、機関誌の『パーツォ』ひとつ出すためにも大きな努力が払われている現状の中で、ともかく機関誌を定期的に出して各国を感心させていた」と書いています。

　ちなみに阿部祈美とは私も若い時代、親しくお付き合いをしていただきましたが、二〇一三年一〇月、数十年ぶりかで横浜の自宅でお会いしました。その一か月後、阿部祈美は黄泉の国に旅立ちました。

　私が阿部祈美と同じように親しくしていただいたエスペランティストに、伊東三郎がいます。伊東三郎はオランダのロッテルダムで開催された世界エスペラント大会に参加する際、「大会で原爆被災者の援助について強調したい」と由比忠之進に話した時、由比は以前から続けている被災者を支援する折鶴ブローチを世界のエスペランティストに売るように提案したことが由比忠之進の一九六七年六月一五日＊の日記に記されています。

　伊東三郎・公子《きみこ》夫妻は、世界大会で原爆の悲惨さを訴え、被爆者へのカンパを求めようと由比忠之進の自宅を訪問しました。由比はそれを喜び、原爆犠牲者に関する写真説明をエスペラント訳にして欲しいという伊東の依頼に応えました。

＊六月一五日は一九六〇年安保闘争で樺美智子さんが国会前で死亡した日。

由比忠之進を導いた人類人主義

由比忠之進は『パーツォ』に原爆に関する原稿を多く書きました。とりわけ被爆者への思いが強く、被爆者がどれだけ長い忍従の生活を強いられていたか、原爆反対の反戦運動の行動を起こすのにもどれだけ勇気がいったかなど、被爆者の思いにいつも寄り添っていました。

由比忠之進は世界のエスペランティストに被爆の実態を伝えるため、日本国内のエスペランティストに被爆実態のスライドを購入させ、エスペラントの紹介文を添えて送っていました。機関誌『エスペラント』に由比が書いたスライドの広告文にはこう書かれています。

「あなた方の努力で世界中に原水爆の残虐性と恐ろしさを広めていくことができます。しかし、力のある国では相変わらず、核兵器の製造を止めず、核実験を繰り返しています。核兵器の恐ろしさを他国の無関心な人々に知らせ、彼らをして活発な運動へ参加させていくことは、日本の平和運動家の責務です」（比嘉康文著『我が身は炎となりて』）。

伊東三郎は由比忠之進を、

「広島、長崎の原爆被災者に対しても自分の苦痛と感じ、自分に責任があると感じて熱心に原爆禁止、被爆者救済の運動に加わり、エスペラントの特技を生かして、世界平和エスペラント運動の日本代表として全世界に呼びかけ続けた」（比嘉康文著『我が身は炎となりて』）

と記しています。

エスペランティストの宮本正男は、

「由比の一貫した思想は、ホマラニスモであった。由比の、いわば、未熟な思想を一定の党派に結びつけたがるのは、どう考えてみても、由比に対する冒とくである。由比はもう少し、かれらよりも背が高かった。由比からわれわれが学びとらねばならないものは、その非党派的超党派的平和愛好精神と、千万人といえども我行かんという気概であり、その行動である」（比嘉康文著『我が身は炎となりて』）と書いています。

追悼会などは無用

由比忠之進は焼身自殺をする前夜、遺書を書きました。「米国の沖縄小笠原占領とベトナム侵略に抗議して焼身自殺をする決心をした」という内容です。そして死後のことも次のように書き残しています。

箇条書きにしてその内容を要約するとこのようなものでした。

（1）自分は無神論者であり、死後の生命を全然信じないので葬儀は必要ない。しかし、世間体があるならやっても良いが、ごく簡単にやること。

（2）香典などで集まった金は全部ベトナムの戦争犠牲者救済に使うこと。北及び南ベトナム両方に等分して。

（3）死後の霊を信じないから追悼会など全く無用。

そのような遺書でしたが、いろいろな場所で追悼集会が開かれました。それだけ由比忠之進の死を賭した行動は各界に衝撃を与え、また人々はその死を理解し痛みを分かち合いました。沖縄県祖国復帰協議会の会長・喜屋武真栄《きやんしんえい》は「由比さんのやった気持ちは九六万沖縄県民の全体の心情である」と語りました。

由比忠之進の死を悼む

社会評論家として、また毒舌家として有名で大きな影響力を持ち、当時でも「マスコミ界の帝王」とも言われた大宅壮一は『サンデー毎日』で、

「首相訪米前日にこのような事件がおきたことは、日本はもとより、アメリカにとってもショックだろう。アメリカや日本にも、焼身自殺という抗議の形式が出てきたことは、人類全体の政治の中で、民主主義が行き詰まっていることを示している」と記し、「これは歴史的な重大な事件であって、一老人の〝死の抗議〟として軽く扱うべきものではない」と書きました。

由比忠之進と四〇年余に亘る友人の伊東三郎は、追悼集会の案内文に以下のように書きました。

「私どもの友人、由比忠之進君は去る一一月一一日に首相官邸前において抗議の焼身自殺を、おこないました。このような行為にたいしては、いろいろなご意見もあろうかと存じますが、われわれは襟《えり》を正してこの厳しい事実をみつめたいと思います。つたえられた抗議書、遺書にもありますように、由比君の行為は多くの国民の意思を代表し、憂国の至情

にあふれ、やむにやまれぬものであったと思います。ここに由比君の霊を慰め、内外のうごきにたいして、私どもの気持ちを新たにするために、追悼集会を催すことになりました」。

伊東の仲間であった熊木秀夫は、由比忠之進の長男である意出男を訪ねて追悼集会を説明しました。これに対して意出男は、

「親は自分のやりたいことをしたのだから満足しているでしょう。社会一般にたいする家族の迷惑も考えずに…。しかし、エスペランティストの方たちの心遣《こころづか》い、全国から寄せられた見知らぬ人たちの手紙や親父の遺書などを読んで、あらためて、一人の人間として見直しています。数日前も知らぬ方から香典が送られてきました。そのなかに千百円が入っていました。百円はその人の子供が話を聞き、感激して送ってくれたものでした。いやがらせの手紙もいくつか来ましたが、好意を寄せてくれた手紙が圧倒的に多かった。追悼集会については、他からも申し入れがありましたが、エスペランティストの方でやるのでしたら異議を申しません。ただ、家族としてはそれを見守るだけですが…」と語りました。

追悼集会は一二月一一日、東京三宅坂の社会文化会館ホールで行われました。由比忠之進が焼身自殺した現場からほど遠くない場所でした。会場の装飾は人形劇団プーク（当時、伊東三郎の娘が団員だった）が担当し、各団体からの献花の団体名は取り除かれました。祭壇中央に由比忠之進の遺影、その右にはエスペラントの旗、緑星旗が立てられました。左にはエスペラントで「Per Esperanto Por Paco　エスペラントで、平和のために！」と大書された文字が浮かび上がっていました。

この言葉は、一九五三年九月四日から三日間、オーストリアのザンクト・ベルテンで開催されたエスペランティストの会議で提唱されたものでした。

発起人を代表して三宅史平*は、

「由比さんの死は、わたくしたちがばくぜんと考えていた平和について、もっとはっきりと自覚させてくれました。（中略）由比さんの死はその瞬間から由比個人から離れて社会一般の問題となりました」と挨拶しました。

伊東三郎が続いて、「由比忠之進の人となり」を一五分間にわたって紹介しました。誠実、温厚な人柄、エスペラントの精神を純粋に理解し、その運動に情熱を燃やしていたこと、ベトナム戦争に心を痛め、物心両面でベトナム人民を支援していたことを参列者に紹介し感銘を与えました。

*当時、日本エスペラント学会専務理事。

「由比の思想は生きている」

日本平和委員会の平野義太郎会長、宗教者平和会議の壬生順《みぶじゅん》、また一九六七年三月に東京で開催された「ベトナム人民と連帯しアリス・ハーズ夫人を記念する会」で、初めて由比忠之進に出会った法政大学教授の芝田進午らの追悼の言葉が続きました。

芝田進午は「由比忠之進さん！」と呼びかけた後、次のように遺影に語りかけました。

「私はあなたが、佐藤首相のベトナム侵略への加担、沖縄政策に対して焼身抗議を決行されたこと。しかも、あなたが二年前デトロイトで焼身抗議を遂げたアメリカの老婦人アリス・ハーズ夫人に共感されていたことを知って、大きなショックを受けたものであります」

その他に、「朝日新聞」記者でエスペランティストであり、『戦場の村』を書いた本多勝一（代読・岩垂弘《いわだれひろし》）が追悼の言葉を述べました。この『戦場の村』をエスペラントに訳したのが由比忠之進だったのです。

最後に英文学者で評論家の中野好夫が、

「由比さんの死は、言葉で言い表せるものをはるかに超えたところに意味がある。あの馬鹿騒ぎの〝国葬*〟に比べ本日の会合はあまりにも参加者が少ない。しかし〝国葬〟は歴史のなかで笑われ、由比さんの残した一粒の麦はきっと見直される時が来る。由比さんは無神論者で魂が生き残ることは信じなかったが、その思想は生きている」と語りかけました。

南ベトナム平和委員会のティッチ・ティエン・ハオ師、世界エスペラント協会会長のイヴォ・ラペンナからの弔辞が読まれました。そしてエスペランティストの学生や青年たち約六〇人が舞台に上がり、エスペラントの歌「ラ・エスペーロ（希望）」が歌われました。

*元総理大臣吉田茂の国葬のこと。

焼身自殺という行為

芝田進午が初めて由比忠之進と会う奇縁となったアリス・ハーズは、アメリカのベトナム戦争に抗議して焼身自殺をした婦人で、ドイツからアメリカに移住したユダヤ系のクエーカー教徒でした。彼女に続いてノーマン・モリソンら八人が焼身自殺で抗議しています。このノーマン・モリソンもクエーカー教徒でした。

クエーカーはキリスト教の一派ですが、その平和主義は徹底的で、その多くは良心的兵役拒否者でもありました。現在の上皇と呼ばれる平成天皇が皇太子時代の家庭教師であったエリザベス・バイニング夫人はクエーカー教徒でした。バイニング夫人の影響をより受けたのは当時の皇太子より弟の常陸宮だったとか。そんな話を聞いて当時週刊誌記者だった私は取材で一九七〇年代の初め、当時、港区・魚籃坂《ぎょらんざか》にあったクエーカー教徒の集会所を訪ねたこともありました。その時お会いした指導的な立場にあった人とは、取材を終えた後も親しくお付き合いしたことを懐かしく思い出します。

由比忠之進は自分を無神論者と言っていますが、クエーカー教徒と同じように平和への思いが非常に強かったのでしょう。

第六章　清貧な理想主義者 伊東三郎

エスペランティスト伊東三郎については、由比忠之進の友人として、また岩波新書『ザメンホフ――エスペラントの父』（以下、『ザメンホフ』とする）の著者であることなど、何度か触れたことはありますが、ここで詳しく彼を紹介しましょう。

敗戦後五年目に発行された『ザメンホフ』

今、私の手元に伊東三郎の著書『ザメンホフ』があります。奥付を見ますと、一九五〇年四月十日第一刷発行、そして一九九七年十一月十九日第九刷発行と記されています。私は本書を、何度かの引っ越しで散逸したりして、二回ほどは新たに買い求めたのはないでしょうか。

初版が一九五〇年、日本の敗戦後五年目の年です。焼け跡闇市時代の残り火がまだ色濃くあった時代、人々は活字に飢え、知識人と言われる人々だけでなく、多くの人々がむさぼるように本や雑誌に飛びついていた時代です。

一九〇二年生まれの伊東三郎は当時四八歳。いわば男盛りの時でした。軍国主義日本の時代に辛酸を舐めた伊東三郎は、〈民主日本〉の登場に小躍りし、思う存分活躍できる時代をことのほか喜んだことでしょう。

『ザメンホフ』の〈あとがき〉の冒頭を伊東三郎はこう書いています。

「本當のザメンホフ傳を書けと求められて、年月がたちました。戦後の若い世代はその名前さえも忘れており、長年のエスペランチスト（原文ママ）は偶像にしてしまいこんでいます。しかし、ザメンホフの生涯こそは今日のわれわれにとって深い教えに富むと思います。わたしはザメンホフの『傳』（vivo）を通して知識のみではなく、その人の「生命」（vivo）を傳えねばならないのです。本當の『傳』は、くわしく調べ、たくみに描き出し、または、ただこの上なくほめかざることとはちがいます。求められている他人ごとでないvivo傳はわきからの見物人やただの研究者ではむずかしいし、ただの信者や弟子にはなおさらできないことでしょう。

むかしからよく、師の道をあゆみ、ふみこえなければ師の生命を傳えることができないといわれます。わたしがその本當のvivoを傳え得るものとはいえません。それは多くの力の共同によらなければなりません。かれの生命は共同にあるのだから…。わたしはただ力及ばずとも力をつくすのみです」。

ひとりではなく「共同の力」で

この〈あとがき〉の最初の文章からも伊東三郎の性格がよく出ています。決して自己を過大に表出することなく、「多くの力の共同によらなければなりません」と記したように、自分だけでなく、多くの人たちの共同の力が本書を生み出したのだと彼は書いていると言っていいでしょう。事実、前述した〈あとがき〉の次の段落で「このザメンホフ傳は多くの人々の協力と助けによってでき上がりました」と記しています。

伊東三郎は、本名・宮崎巌（旧姓・磯崎）、岡山市で磯崎高三郎、長枝《さえ》の長男として生まれました。幼少の頃より外国への関心が強く、叔父・磯崎融《あきら》と古美術商のエスペランティスト瀬崎達太郎の会話からエスペラントのことを聞き、いたく興味をそそられ、岡山中学に入学するやエスペラントに熱中しました。

一九二一年、一九歳の時、青山学院職業科に入学し、「一年上の松本正雄と青山学院エスペラント会の発展をはかり、ＳＡＴ（全世界無国民協会）の会員になる」と年譜*に記されています。

この著作は一九六九年の伊東三郎の死から五年後の一九七四年、伊東三郎の遺稿や書簡、友人知人たちの伊東三郎を追憶する文章などをまとめた六〇〇頁ほどの大著です。

二つの学校を中退し農民運動へ

伊東三郎は青山学院を早々に中退し、大阪外国語学校（現在の大阪大学外国語学部）仏語科に入学しますが、そこも中退して故郷の岡山へ帰りました。一説には、大阪市電大争議で学生がスト破りに雇われることに反対して闘い、大阪外国語学校から追放されたとも言

＊『伊東三郎　高く　たかく　遠くの方へ――遺稿と追憶』。

われていますが真偽は不明です。

伊東三郎は、二三歳になって大阪市立盲学校の講師となり、英語とエスペラントを教え、また大正日日新聞社主催のエスペラント講習会では、大本本部の伊藤栄蔵とともに講師を務めました。

大本*では、出口なお、その娘婿である出口王仁三郎という二人の教祖、詳しく言えば大本信徒たちは、出口なおを開祖、王仁三郎を聖師として師事していますが、王仁三郎は強くエスペラントを支持し、今なお大本信徒にはエスペラントを学習する人たちが少なからずいます。

*大本教団は大本教とは呼ばず、大本と言っておりますので以下、大本と記す。

一九二六年、伊東三郎は労働農民党に入党し、大阪府連書記長代理になりました。労農党は日本共産党の指導の下、日本農民組合、日本プロレタリア芸術連盟などを統一して日本の山東出兵に反対した時、対支非干渉同盟を組織しました。この間、伊東三郎はたびたび逮捕され、盲学校の教え子から差し入れを受けていたこともあったようです。

埴谷雄高と出会う

一九三〇年、二八歳の頃、伊東は日本共産党に入党したと言われています。主に農民運動の指導に当たり、般若豊《はんにゃゆたか》(本名)と知り合うようになります。後の埴谷雄高《はにやゆたか》(筆名)です。埴谷雄高は『死霊』という哲学的な小説が代表作として知られている作家です。

埴谷雄高の文章は難解として定評がありましたが、多くの政治評論を書き続け、一九六〇年代の学生運動、とりわけ日本共産党と一線を画す新左翼青年や文学青年らに大きな影響を与える教祖的存在でした。私も埴谷雄高の著作を好んで読んだ一人でした。

そして、あるアナーキズム関係の会合で埴谷雄高も講演者の一人として講演した後、何人かと一緒に喫茶店で話したことが思い出されます。『死霊』は絶版で古本屋では高嶺の花だったこともあり、私は埴谷雄高に「『死霊』は手に入りますか？」と言うような質問しかできませんでした。埴谷雄高は、「もう僕のところにも一冊しかないんですよ」と答えてくれたことが今でも鮮明に、その時の光景とともに思い出されます。

埴谷雄高の著作のなかで、私はとりわけ『幻視のなかの政治』に大きな影響を受けました。しかし伊東三郎とは何度も会って話したことはありますが、ついぞ伊東三郎の口から埴谷雄高の名前を聞いたことがありませんでした。しかし、貧乏暮らしをしていた伊東三郎を埴谷雄高は陰ながら支援していたようです。

伊東三郎は何度も逮捕され拘置所暮らしをしましたが、日本の敗戦後、友人たちの勧めもあり、『ザメンホフ』を刊行し、その後もエスペラントをいろいろな所で教え著作活動もしましたが、世間的に有名であったわけではありません。しかし小さなエスペラント界では著名な人物で、一九六九年に亡くなりました。前出の『高く　たかく　遠くの方へ』から、一九六九年そして一九七〇年の項をそのまま紹介してみましょう。

「一九六九年六七歳一月、健康を害して病臥中、身近に東大闘争起こり、事態の重大さを深刻に考える。二月二八日発病、氷川下セツルメント病院に入院、三月七日午後一〇時二〇分死去。九日、本郷の自宅にて葬送。五月、熊本県鹿本郡内田村の宮崎家の墓地に埋葬。

一九七〇年三月・八日、第二三回解放運動犠牲者追悼会で、青山の無名戦士の墓に合葬」と記され、年譜はそこで終わっています。

ここまで、日本のエスペランティストを何人か紹介してきましたが、私が謦咳に接し、少しばかり親しくお付き合いをさせていただいたエスペラント界で名の知られた人として伊東三郎は初めての人です。

中央労働学院でエスペラントの講演会があると、叔母（福井以津子、母・夏子の末妹）が教えてくれ、叔母と共に出掛けて初めて伊東三郎の話を聞きました。参加者は五〇人もいたかどうか、小さい集会でした。その時の話の内容は忘れましたが、白髪で鼻筋が通った端正な顔立ち、「キリストも斯《か》くや」と思わせるような風貌でした。伊東三郎については最後まで、その印象が消えません。

常に志を高く

私が一九六八年、ヨーロッパへ行こうと思った時、伊東三郎はわざわざ電話をかけてきて、自宅に来ないかと誘ってくれました。本郷の東大赤門付近のみすぼらしい木造アパートに伊東夫妻は住んでいました。このような木造アパートは、すでに今は取り壊されていることでしょう。経済的に潤ってはいないことが一目でわかりました。

「赤貧洗うがごとし」という言葉がぴったりくると言っても伊東三郎を貶《おとし》めることにはならないと思います。それよりも、金があろうがなかろうが、そんなことは人間の価値とは何ら関係ない。その人の持つ高い志と崇高な行動にこそ人間の価値はあるのだ、と伊東三郎から直接そのような言葉を聞いていませんが、その行動、風貌がそう言わせていたように私には思えます。事実、伊東三郎はそういう浮世のしがらみから解放された人だった、と思います。

伊東三郎は時々、エスペラントを盛り上げるために何か、会を立ち上げようとみんなに声をかけます。そういう話は、私の身の丈に合わないような壮大な話ではなかったか、と思います。伊東はそういう類のことを絶えず話す人だったのでしょう。

伊東三郎と親しい年下のある男が「総会屋みたいだな」と、ある会合で本人を前にして言ったことがありました。伊東はそんな言葉を聞いても馬耳東風と聞き流していました。それでもある時、いつも皮肉交じりに言う彼に対して、「お前は…」と怒ったことがあると聞いたことがあり、伊東にもそういうこともあるんだと思いましたが、それもまた伊東の人間的な側面だったと思います。

一体それが何だ！

『高く　たかく　遠くの方へ』から彼の姿を描写しましょう。「Vantajn vortojn for!　煙に巻かれないこと」と題されたエッセイはこんな内容です。

「世界大会へ行ってきた諸君のみやげ話が、たいていヨーロッパのエスペランチストがエスペラントを自由自在によくしゃべるという感嘆であることは深く一考を要する。ぼくは実際そんなに感心しなかった。エスペラントを自国語なみにべらべらしゃべっても、一体それが何だ。エスペラントの単語や文法が概してヨーロッパ風だから、それに安易に依りかかって、べらべらやっても、それが果たして本物といえるだろうか。ぼくはむしろヨーロッパ風でない世界観や言語感覚の問題をも対置し、ヨーロッパ流の限界に注意を喚起し、世界に対する理解を要請した。

はじめ、かれらは日本人はしゃべるのがへただといったから、ぼくは東洋人の基本態度は無言で核心を伝達することで、しゃべるのは必要悪と心得ている、西洋人はさかんにしゃべるが、はたして核心の問題をどんなに心得ているかと反問すると、かれらは唖然とし嘆声を発し、話の主導権はこちらに移るのだった。

しゃべることが能ではない。問題は真剣に世界を考えているか、どうかだ」。

そして伊東三郎はかつて、あるヨーロッパ人にこんな詩を送りました。エスペラントで書いたのですが、ここは小原孝夫訳で紹介しましょう。

「〈この生きているほんとうの花／よく観よ、なんとうつくしい／これが、われらの心をよろこばすものなら／ただ、やさしくほほえみかわそう／余計な言葉を捨てさって〉

かれはにっこりとよろこんでくれた。

日本でも世界でも、煙に巻かれないで核心をつくエスペラント運動を進めようではないか」。

老荘の徒

一九三二年九月から一九三三年五月頃に書かれた〈ある人の手紙〉という文章の中に、こんなことが書かれています。

「僕は中学時代から、否小学時代から、儒教の色の染み込んだ修身や教訓に物足りなさや疑惑を感じて、老荘の道を好んで追及した。立身出世をせよとの大人の教えに疑問を抱いて、僕は百姓になるとか、肥取りになるとか、仙人になるとか言っては父や伯母を嘲弄して来た。それはもう子供のときからだ」。

また、伊東三郎には次のような詩があります。

「父よ／私は大学教授にもなりませんでした／博士にもなりませんでした／私は将軍でもなければ／提督でもありません／私には黄金もなければ／栄光もありません…」

高杉一郎の著作『中国の緑の星』には、高杉が中国の葉籟士《ヨウライシ》というエスペランティストと一九六〇年に街を歩いていた時、葉が突然、この伊東の詩句をエスペラントでそらんじたと記しています。葉は、高杉を振り向いて「あの詩人はまだ生きていますか？」と尋ねました。それは伊東三郎のエスペラント詩集『VERDA PARMASO（緑葉集）』の巻頭を飾っている父への献辞でした。

高杉一郎は「えぇ、生きていますよ。戦後は、もっぱらエスペラント運動の宣伝家として働いているようです」と答えながら、この詩人の幸せを心から羨んだと書いています。

「彼がえらい政治家や金持ちや学者にならなかったといって、それがいったいなんだろう。

私たちにとって思い出すことさえつらい日中戦争の十数年を越えて、ひとりの中国人の心のなかに『あの詩人』と、憎しみをもってではなく、なつかしさをもって生きつづけることのできた伊東三郎の光栄を、私は心の底から羨ましいと思ったのであった」と高杉は記しているのです。

こういう文章を読むと、私自身がささやかながら、伊東三郎と交流があったことをとても良かったと思うと同時に、埴谷雄高との交流を含めて、もっともっと聞きたかったことがあったのに、とも思いました。

洗いさらした木綿のような人

伊東三郎が亡くなった後、ささやかな追悼会が開かれ、また埴谷雄高らも参加した『高く　たかく　遠くの方へ』の出版記念会に私も参加しましたが、今改めて、伊東三郎の高潔な人柄を懐かしく思い出します。

『高く　たかく　遠くの方へ』には多くの人たちが原稿を寄せています。そのすべてを紹介できませんが、大本の幹部だった今は亡きエスペランティスト伊藤栄蔵がこんな風に回想しています。

「伊東三郎という人は、稀に見る純粋人であった。こんな人を本当の詩人というのであろうか。もっとも、夢ばかり追うている理想主義者というのでなく、何とか現実化してゆこうとする意欲と才能も持っていた。（中略）『事業化』の才能はあったかも知れないが、世渡りは上手でなかった。私が出会った何回かのうち、ただの一度も、懐中の豊かそうな伊東さんを見たことがない。痛々しいほどの清貧ぶりであるが、しかしそれを苦にした様子は少しもなく、洗いさらした木綿のような、慎ましく、さっぱりした人柄が出ていた。こんな人はエスペラント界ばかりでなく、一般社会にも沢山はいない。それだけに私は限りなくなつかしく慕わしいのである」。

享年六七 早すぎる死

一九六八年夏、私は新潟港から船でナホトカに行き、ヨーロッパに旅立ちましたが、伊東三郎は新潟へ向かう上野駅のホームまで私たちを見送りにきてくれました。当初から訪欧を企画していた私に、伊東三郎はブルガリアのソフィアでの世界平和友好祭に参加してはどうかと誘ってくれ、また片岡敏洋も伊東に誘われ、同じ列車で発つということもあり、わざわざ見送りにきてくれました。

その時は、少しばかりジャーナリズムでも取り上げられていた学生たちの東大闘争や、ましてや日大闘争が、その後大きく盛り上がることなど予想もできませんでした。

ソフィア、ブカレスト、そしてポーランドを始めとして欧州の各都市を回った後、ローマから中東、アジアを回って一九六九年四月初め、一〇か月ぶりに東京に戻った私は伊東三郎の死を知りました。

享年六七。当時二〇代半ばの私から見ると、伊東三郎はもっと老成しているような感じでした。しかし今思うと、六七歳というのは若すぎるように思います。まだまだ生きていてもおかしくない年齢です。

伊東三郎の愛弟子である阿部祈美《きみ》が、帰国後すぐに私の海外での話を聞きたいというのでお会いしました。その折り、私は伊東三郎の死を知ったのでしょうが、その時の記憶はありません。しかし、翌年か二年後だったかに行われた追悼の集まりについては鮮明に記憶しています。伊東三郎が戦前に関わった農民運動の同志から戦後生まれの学生たちまで、伊東三郎を知る人たちが大勢集まりました。

埴谷雄高が伊東三郎を偲び、今手元にある『高く　たかく　遠くの方へ』を発行する意思を込めて、「運動の全史をつくろう」と呼びかけた様子が今でも思い起こされます。伊東三郎を偲ぶ人々の静かな思いの中にも熱の籠った追悼の集りでした。

この『高く　たかく　遠くの方へ』という遺稿集に、伊東三郎のエスペラント原作詩や小論や手紙、友人知人たちの手記などがたくさん収録されています。

「馬鹿いっちゃいかん！」

一九六〇年、安保闘争が高揚し大きな大衆運動として盛り上がりました。全学連主流派を中心とする学生運動のデモの中に、中央大学の学生だった清水孝一がいました。

一九五七年の高校二年生の時、伊東三郎の『ザメンホフ』を読み、それ以降、エスペラント運動に入っていった清水孝一は五月二〇日、岸信介率いる自民党の強行採決に抗議するデモ隊に入り、「首相官邸突入隊にまきこまれて、ヘイを乗り越えて中へ入ってしまった」と『高く　たかく　遠くの方へ』に記しています。

清水孝一は、半分気絶状態のまま、やっと逃げ出し、ある診療所のベッドに横たわっていました。その日の午後、約束の場所に現れない清水を心配した伊東三郎はやっとのことで清水孝一がいる場所を見つけました。以下、清水の《今も私の心に生き続ける伊東先生》と題された文章に沿いながら伊東三郎を偲びましょう。

――「先ほど、院長先生に会ったが、君は、バラ銭以外何も持っていなかったというが、まさか、意図的に、死を辞さないというような気で、突入したんではないのだろうね」と、例の一語々々かみしめるような調子で、先生はゆっくりしゃべる。私はしばらくためらったのち、「はじめは、そんな気ではなかったんです。でも、もしかしたら、つかまるかもしれないという、懸念もあったから、定期や学生証などは、出るとき家に置いてきました。警官隊とやりあっているうちに、もう死んでもいい、と思うようになってたんです。その結果として、〝機動隊、権力が、いかに残虐、非道であるか〟が、国民大衆にはっきりわかってもらえるなら…と、無我夢中で…」といいかけた、その時、「馬鹿いっちゃいかん！」先生の口から、大声が発せられたのです。

すでに、面会時間を過ぎ、周囲は、消灯して、静かになっていたので、その声は、共同部屋いっぱいに、ビリビリと響き、あちこちで、スタンドの灯がついた。

「すまん、病院で大声なんか出して…」――

それは清水が伊東との一〇年という付き合いの中で初めて見た、伊東三郎の怒りの顔でした。

自己変革し続けた人格者

清水孝一はその後、大手出版社に入社し編集者人生を送りました。その出版社が出す男性サラリーマン向け週刊誌の取材記者をしていた私はそこで清水と出会いました。私がエスペラントを齧《かじ》っていると記者仲間から聞きつけた清水が私に電話をかけてきました。当時、清水は女性週刊誌の編集者でした。

その後、週刊誌記者を辞めた私は清水孝一との交流も途絶えました。しかしエスペラントの世界に再び入って清水孝一との付き合いも復活しました。『高く　たかく　遠くの方へ』で清水はこうも書いています。

――「清水君、いつまでも乳飲み児の気持ちでいちゃ、いかんよ」

という、先生のことばは、あれだけの活動をしてき、また、あれだけの齢でありながら、いつも、自己変革をし続ける全人格者のものとして、私にとって、父母はもちろんのこと、いかなる大学者、哲人のそれよりも、重く意味あるものとして、心の底深く沈殿している――

私は伊東三郎とは一年にも満たない短い付き合いでしたので、伊東三郎への思いをこのように回想できる清水は幸せ者だと思いました。その清水孝一も、二〇二一年一月、黄泉の国へ旅立ちました。

「ウォーッ！」と奇声を発す

坂井松太郎というエスペランティストがいました。彼が遺稿集で伊東三郎のことを「最後のエスペランティスト」と題して思い出を書いています。

それを読むと、一九三〇年代の初めの頃、「伊東三郎は蔵原惟人《これひと》と並んでプロレタリア文化運動の神様のような存在であった」と記しています。そしてまた、伊東三郎が住んでいた玉川沿線の借家に訪ねたら、長谷川テルと劉仁がいた、とも書いています。しかし、坂井松太郎は「またどういうわけか、なんでもよく喋る伊東三郎だが、長谷川テルのこととなると、あまり話したことがない。それも勘繰れば気になることだが、今はすべて過去のこととして葬りさるより仕方がない」。

ある人を偲ぶ一〇人ほどの集まりの中、私は坂井松太郎と隣り合わせになって言葉を交わしたことがあります。坂井は「エスペラントが、真に革命的な精神と、真に国際主義の精神を担いうるものとするならば、エスペラントを学びうるし、また学ばなければならい」という毛沢東を支持する人でもありました。当然にも当時の日本のエスペラント界の大勢には批判的だったと思います。

その坂井松太郎が遺稿集で伊東三郎の面白いエピソードを紹介しています。忘年会か新年会の酒席で伊東三郎にも歌ってくれという声があがった時、伊東は「では、もっとも古い歌をうたおう」と座りなおし、ひとつ大きく息を吸いこんで「ウォーッ！」と奇声を発したので、みんな唖然としてしまった。伊東は「これは原始時代に、原始林のなかでわれわれの祖先が歌った歌だ」と言ったのでした。

戦前、獄中にいた時、ひどい拷問を受けた伊東三郎は、音をあげるのは癪《しゃく》だし、黙ってじっと耐えているのはなかなか苦しい。そこで伊東は、「ウォーッ！」と叫んで、警察テロに対抗したというのだ、と坂井は記しています。

伊東三郎の面目躍如、と言ったところでしょうか。

第七章　アナーキスト 山鹿泰治

エスペランティストは、世界共通語エスペラントを使い、国家を超え民族を超えて人々と繋がろうという考えが根底にありますから、おのずと国家を否定するアナーキズムに親和性があるはずです。しかし、だからと言ってエスペランティストが即、アナーキストというわけではありません。またアナーキストがすべからくエスペランティストということもありません。

エスペラントの世界を仔細に眺めて見れば、大勢は政治に対しては中立的な立場、いや、現実の政治に対して積極的に関わろうとする人がとりわけ多いとはいえないでしょう。

しかし山鹿泰治《やまがたいじ》は、エスペランティストにしてアナーキスト、その関係は不即不離、エスペラントとアナーキズムがいわば一心同体のように自己の中に体現されていた稀有な存在と言えるでしょう。

印刷工として生きる

山鹿泰治は一八九二年、父・善兵衛、母・京の子どもとして、京都市三条烏丸に生まれました。一三人兄妹の第一二子でした。山鹿善兵衛は京呉服の行商で長崎へ行き、長崎奉行所の通訳でオランダ学者・本木昌造と出会い、西洋染織の知識を得ると共に彼の弟子となり、活版術を伝授されました。そして本木昌造は山鹿善兵衛に、京都で印刷所を開かせました。

しかし、当時の京都は首都を東京に譲り、新しい印刷術のような商売は、東京や大阪と違って繁盛するような時代ではありません。家業が苦しい時代、山鹿泰治はインクつけや紙取りなど小僧のような仕事をやらされました。

このような環境を嫌った山鹿泰治は一五歳の時、知人の中村弥二郎を頼って東京に出て、中村弥二郎が社長をしている有楽社に住込み小僧として入りました。有楽社は、東京の銀座の隣、有楽町にあった出版社です。社長が中村弥二郎、弟の竹四郎も勤めていました。支配人が安孫子貞次郎です。

安孫子貞次郎は熱心なエスペランティストでした。社長の中村弥二郎もその賛同者であり、日本最初の『エス日辞典』やガントレットの『エスペラント読本』『月刊ヤパーナ・エスペランチスト』などを刊行し、また一九〇六年にできた日本エスペラント協会の事務所は有楽社の中に置かれていたのです。山鹿泰治も有楽社の社員有志が集まってできたエスペラント講習会に誘われて参加するようになりました。

エスペラントにのめり込む

講師は黒板勝美で、日本におけるアカデミズム史学の創設者であり、東大史料編纂課に勤める文学博士です。また初期の日本エスペラント運動の指導者として、一九〇八年のドイツ・ドレスデンで開かれたエスペラントの世界大会に新村出《しんむらいずる》とともに日本人として初めて参加し、ザメンホフとも会っています。

三〇人ほど参加した黒板を講師とする講習会は、三回ほど続いたところで続々と脱落者が増え、とうとう山鹿泰治一人が残り、いつしか講習会も中断してしまいました。

しかし山鹿泰治は中学時代、英語の試験の際、白紙答案を出して零点だったことがあったようで、そうしたこともあってか、「よし、石にかじりついてもエスペラントだけはモノにしようと思った」＊ようです。そして有楽社から刊行されていたザメンホフの『練習題集』と二葉亭四迷が刊行した『世界語』を独習するのでした。

その頃山鹿泰治は、銀座でキリスト教のプロテスタントの一派である救世軍の銀座小隊で洗礼を受けて〈キリストの兵士〉になっていました。

山鹿泰治は有楽社の仕事を終えると、毎晩、銀座四丁目の銀座本営に出かけ、「迷える魂を救うためにサタンと闘った」と日記に書いています。また日記には、以下のようなことも書かれています。

「非合法に遊郭から脱出してくる女の解放のために、救世軍が石を投げられたりなぐられたりしながら働くとき、私の正義感は大いに満足した。しかし、ブース大将にひきいられ

＊晩年に回想した「たそがれ日記」。

た救世軍は、軍隊組織そのまま命令絶対服従の専制で、私の良心をしばしば悩ました。またエスペランティストとして、イギリス一辺倒のあり方は不愉快きわまるものであった」（向井孝著『山鹿泰治』）と回想しています。

キリスト者からアナーキストへ

有楽社に一人の熟練した印刷工が入ってきて山鹿泰治の隣の席に座りました。原田新太郎と名乗る、おとなしそうな青年は山鹿の赤い救世軍帽子を見て、「キリスト教では、天皇や政府をどう考えるか」と聞いてきました。山鹿泰治は即座に「聖書に、汝ら王の権威に従うべし、そはすべての権威は神より出《いで》しものなれば、とある」と返答しました。これはいつもやっている救世軍の伝道方法でした。

原田新太郎は山鹿泰治の返答に対して、「神は人間を創ったというのに、その人間がなぜ喰ってゆけないのか、神は公平だというのに、なぜ金持ちと貧乏人、病人と健康者の不平等があるのか」などと、次々に山鹿を問い詰めました。そして「もともとキリストは歴史上非実在の人物で、作り話にすぎない」と言われてしまうと、山鹿は答えることができません。

原田新太郎はアナーキズムの信奉者でした。そして山鹿に、「これは国禁の書だ」と言って極秘で貸してくれたのがピョートル・クロポトキン著・幸徳秋水訳の『パンの略取』（平民社）です。山鹿泰治はその本を貪るように読み、社会を見る目がまったく変わってしまいました。キリスト教徒からアナーキストへの思想的転換でした。

アナーキスト・大杉栄に会う

原田新太郎が熱心にアナーキズムを勧めるので、山鹿泰治はある日、アナーキストである大杉栄にエスペラントで手紙を出したところ、大杉からすぐに「次の日曜、三越の待合室で待つ」という返事がエスペラントの文章で届きました。

その日、山鹿泰治は原田新太郎と一緒に三越で大杉栄を待っていると、縞の背広にパイプをくわえ、特徴ある大きな目玉をぎょろつかせて大杉栄がやってきました。当時、大杉栄は危険人物として官憲の尾行がついていましたが、尾行をまいて、人が多い三越を選んでやってきたのです。

山鹿泰治は、自分がエスペランティストで印刷工だと自己紹介をしましたところ、大杉栄は大仰に、「西洋でも印刷工が革命の先頭に立っている。エスペラントは世界の労働者が団結するための最も有力な武器だ」と山鹿泰治を大いに励ましたのです。

尾行する男が大杉栄にまかれてしまうと、その日の日当が出ないので可哀そうだと、大杉栄は彼のいそうなところを探しながら日比谷公園まで歩き、ベンチに座り込み、暗くなるまで山鹿たちと話して別れました。この半日の大杉栄との対話は、山鹿泰治の生涯を決定するものとなりました。その夜、山鹿泰治は寝床の中で、自分がこれから歩もうとしている道を考えて、興奮して眠ることができませんでした。

キリスト教から訣別する苦悩

山鹿泰治は翌日、救世軍の集まりに出かけ、「今日から私はキリスト教と訣別する。そして無政府主義者の後を追って働こうと覚悟を決めた」と宣言したのです。とは言うものの、「神を捨て切れず苦しんでいる。しかしアナーキストの中に、神を信じる人はひとりもいないと聞いて悩んでいる」と翌月、大杉栄と並ぶアナーキスト、石川三四郎に会い、彼の神観を聞き、ようやく神が宇宙天地の支配者で最高の権威だという迷妄から目覚める糸口をつかんだのでした。

石川三四郎の神観とはどのようなものだったのか、残念ながら山鹿泰治の回想からは見えてきません。山鹿は後年、神の存在を否定した時のことはほとんど忘れてしまったと回想していますが、エスペランティスト山鹿泰治がアナーキズム運動へ大きく転進する契機になったのは間違いありません。この時代は、一九一一年、大逆事件直後であったため、共産主義者やアナーキストたちへの厳しい監視と弾圧で明け暮れた暗黒時代ともいうべき状況でした。山鹿泰治の決意は並々ならぬものだったと言えるでしょう。

「各国のアナーキストと文通したし」——外国雑誌への広告

一九六〇年代の半ばごろ、私も日本アナキスト連盟が主催する会合に出入りしたことがあり、少なからずアナーキズムにシンパシーを持っていました。しかしそのアナキスト連盟もとっくに解散してしまいました。しかし、アナーキズム思想は決して滅びることはないと、今でも私は考えています。第二章で大杉栄について記しましたが、アナーキスト大杉栄は今、改めて脚光を浴びています。

二〇二〇年九月、残念ながら急逝したアメリカのアナーキストで人類学者のデヴィッド・グレーバーは二〇一一年、「ウォール街を占拠せよ」運動で、「私たちは九九％だ」と呼びかけ、いろいろな人々が上からの指令ではなく、自ら進んで議論し、体制の馬鹿馬鹿しさを証明して、漸進的な代案を提示していくことが革命的で創造的な実践であると訴えたのでした。アナーキズムは今、甦《よみがえ》りつつあると言えるかもしれません。

戦前、マルキシズムとともに反体制思想として人々の間に浸透していたアナーキズムは、とりわけ危険思想として、その信奉者には官憲の厳しい目が張り付いていました。山鹿泰治は大杉栄からの「当分はおとなしく隠れて本を読め」という忠告もあり、京都の実家に戻り、収集したアナーキズム文献を連日熟読していました。

一方、以前から考えていた、外国のエスペラント雑誌に「各国のアナーキストと文通したし」という広告を出しました。この広告は、世界の一部の人たちにしか知られていなかった日本のアナーキズム運動を世界中に直接知らせる効果があり、特筆に値するものでした。山鹿泰治がこの時以後、海外に積極的に出る大きな契機でもありました。

この広告を見たペトロブというペテルブルグにいるロシア人から、「君の〝イデーオ〟について知らせろ」という反応がありました。

山鹿泰治は、当時のことを回想して以下のように書いています。
「そのイデーオは辞書にはただ観念と訳してあるだけで、中学一年中退の私には、カンネンという日本語が何のことか、まるでわからなかった。当時はまだ、思想という言葉が一般化していなかった。観念ー心を観る、だから千里眼の一種かなどと、あれこれ悩んだ」と記しています。

電気工として中国の大連へ

貧弱な知識しかない山鹿泰治でしたが、アナーキズム関連の本を一心に読みふけりました。そして真夜中にそっと家を出て、南禅寺の山門や同志社の講堂などに、幸徳秋水が『自由思想』に書いた創刊の辞を白墨で書きなぐって歩いたのです。

筆跡を写真に撮った警察は、山鹿泰治の身辺を監視し始めました。海外からも広告の効果があり、続々と手紙が送られてきました。警察の眼が厳しくなり、家人たちも気づきだし、部屋に閉じ込められて見張り付きの監禁状態になってしまいました。

山鹿泰治はこんな日本にいるより、無銭旅行でヨーロッパへ行こうと思い立ちました。エスペラントの文通のお蔭で各国に知己もありました。しかし生活して行くために、印刷技術以外に新たな技術を身につけようと、当時の新技術と言われた電気技術を勉強し始めたのです。

たまたま満鉄に赴任する知人に頼みこみ、大連発電所で働く口を見つけ、中国の大連へ旅立ちました。そして山鹿は満鉄大連発電所で働きながら夜学に通い、更に電気工学と中国語を勉強しました。エスペラントを学ぶことによって英語もいつしかわかるようになり、後に『日・エス・支・英・会話と辞書』（大道社、一九二五年）という本を出版するほどの実力を身につけました。

中国アナーキズム運動との連携

一九一二年一〇月、大杉栄、荒畑寒村らは『近代思想』を創刊し、新たな一歩を踏み出しました。大杉栄から山鹿泰治に、手紙が届きました。

「中国の同志師復が上海に潜入し、エス漢併用のアナーキズム運動誌『民声』を週刊で出し始めている。応援に行かないか」という手紙が来たのです。一九一四年の三月のことです。

山鹿泰治は大連から少しでもヨーロッパに近づこうと思っていた矢先でした。決断と行動力が抜群に備わった山鹿泰治はすぐにこの話に乗り、勤め先の技師長の机に辞表を置いて宿に戻り、トランクひとつで奉天（現、瀋陽）、旅順を見物した後、大連港から上海航路の船に乗り込みました。そうして上海で師復に出会いました。

中国のアナーキズム運動は一九〇〇年代に入り、当時の中国政府がパリと東京に送り出した留学生の中から起こりました。パリの中国人留学生らは『新世紀』を発行し、世界中の中国人留学生らのアナーキズムの思想と運動に大きな影響を与えました。

一方東京では、大杉栄が日本で最初のエスペラント学校を開講しましたが、その中に中国人留学生たちがいました。その中心人物が張継《チョウケイ》です。彼は一八九九年来日し、一九〇五年には孫文の中国同盟会結成と同時に参加し、また早稲田大学で学びつつ、徐々にアナーキズム運動に傾倒するようになりました。

一九一四年八月、上海の師復の民声社で働いていた山鹿泰治に、大杉栄から手紙が届きました。

「『近代思想』を止めて、いよいよ『平民新聞』を出す。帰って来て手伝わないか」と言うのです。山鹿泰治が師復に相談したところ、師復は「我々の方は何とかなる。中国と日本の同志がいよいよ連合を共に密にすることによって共に力は倍加する。君は帰国して活動するのが当然だ」と言いました。

その頃の師復は、『民声』を一号発行するたびに寝込むほど体が弱っていました。そして一九一五年三月、師復は帰らぬ人となりました。そして、東京に戻った山鹿泰治は師復の死を知るのでした。

盲目の詩人、エロシェンコの来日

山鹿泰治は大杉栄の月刊『平民新聞』の発行を手伝いますが、官憲の弾圧は激しさを増して、発禁処分が続くなど苦闘しました。山鹿泰治は発禁になった平民新聞を秘密に出版したりしましたが、状況が動くことはありません。「もうこんな状況では、いっそテロリズムで現状を打開する以外にない」と思うようになり、短刀や芝居で使ったらしい六連発の銃などを手に入れましたが、大杉栄に見つかりました。

大杉は驚き、「幸徳事件では思わぬことからデッチ上げられた。そのためにどんなに大きな迫害が起こり運動が立ち遅れたか、それを考えると単純な盲動は、政府を喜ばせることになる。一人二人のテロリストで革命が始まるわけではない。今はそのような時代ではない」、と山鹿泰治を諌めました。当初、山鹿は不服でしたが最後は納得し、テロリズム計画を放棄しました。

当時、日本のエスペラント運動は、「エスペラントを学ぶことは、エスペラント運動を発展させるためにのみ行うものなのだ」という派と、「エスペラントを用いて人類社会の全面的な解放を達成するため行うものなのだ」という派に大きく意見が二つに分かれていました。山鹿泰治もエロシェンコも、もちろん後者でした。

エロシェンコは、劇作家の秋田雨雀と知り合い、その関係で望月百合子、神近市子、相馬黒光、大杉栄らと知り合うようになったのです。

エスペラントに共感した北一輝

エロシェンコが大杉栄の仲間たちと話すときは、山鹿泰治がエスペラントで通訳をしましたが、エスペラント界の重鎮である黒板勝美のところに半年ばかり書生代わりに居候をしていた時、山鹿泰治をいつも尾行していた刑事・秋葉喜作が、青山南町に北一輝がいることを教えてくれました。北一輝は国家社会主義者としてその名は広く知れ亘っていました。山鹿泰治は暇つぶしに北一輝の家に出かけました。

北一輝は一八八三年、新潟県の佐渡に生まれ、処女作『国体論及び純正社会主義』を刊行しました。その著作は、大日本帝国憲法における天皇制を批判した書です。北一輝は口髭をたくわえ、中国の大人《たいじん》のような支那服を着て山鹿泰治の前に現れました。

山鹿泰治に会った北一輝は、エスペラントに非常に関心を持ちました。そしてエスペラントに共感したのです。

北一輝の『日本改造法案大綱』には、「英語を廃してエスペラントを課し第二国語とす」と書かれています。その理由を北一輝は以下のように書いています。

「英語は国語教育として必要にもあらず、また義務にもあらず。現代日本の進歩において英語国民が世界的知識の供給者にあらず。また日本人は英語を強制せらるる英領インド人にあらず。英語が日本人の思想に与えつつある害毒は英国人が支那人を亡国民たらしめたるアヘン輸入と同じ」で、英語を駆逐することは、国家改造にとって急務であるとまで言い切っています。さらに、「成年者が三月または半年にて足る国際語（エスペラントのこと）の修得が、中学程度の児童、一、二年にて完成すべきことは、英語が五年間没頭してなお何の実用に応ずる完成を得ざる比にあらず。児童は国民教育期間中に世界的常識を得べし」と書いて、エスペラントを国際語として非常に高く評価したのです。

北一輝は、辛亥革命に参加した宋教仁《ソウキョウジン》ら中国の革命家らと交流し、階級制度の廃止や労働組合などの社会主義に傾倒する一方、著作『日本改造法案大綱』では、クーデターを起こし戒厳令を敷き、強権による国家社会主義的な政体の導入などを主張しました。そのため政府からは危険思想家として見られていました。しかし、一部の革新将校らに大きな影響を与え、支持されていました。

一九三六年、北一輝に影響を受けたであろう青年将校たちは、当時の大臣らを襲撃して反乱を起こしました。いわゆる二・二六事件です。政府は、事件を起こした青年将校たちが『日本改造法案大綱』に感化されて決起したとみなし、具体的な行動とはまったく無縁な北一輝を「事件の理論的指導者の一人」として、首謀者の一人とされた元陸軍少尉の西田税《みつぎ》らとともに銃殺刑に処しました。

ＳＡＴ*の創立者ランティの来日

北一輝は天皇を利用し天皇の命令によって革命を起こそうと考え、革命を人民から切り離し、ファシスト的な傾向があった故に、私は北一輝を支持する気にはなれません。しかし英語偏重主義を批判し、エスペラントを国際語として活用すべし、と言った北一輝の主張には耳を傾けるべき点があろうかと思います。

山鹿泰治は北一輝と親しく付き合う一方、エスペラント活動も衰えることなく積極的に海外のエスペランティストと文通をしていました。その中の一人にＥ・ランティがいました。

ランティはＳＡＴの創立者です。ＳＡＴについては以前にも紹介したことがあります。ＳＡＴ（Sennacieca《センナツィエーツァ》 Asocio《アソツィーオ》 Tutmonda《トゥトゥモンダ》）のＳは、Sennacieca、「無国民性」あるいは「無民族」

＊ Sennacieca Asocio Tutmonda、全世界無民族協会、あるいは国民性なき全世界協会。

と訳せるでしょうか。Asocio Tutmonda は全世界の協会という意味です。

SATは、国家や国民、民族という単位を認めず、国家に支配された世界のほとんどの言語＝国語、国家語に対峙するものとして、エスペラントを被支配者、解放の言語としてとらえていました。SATはそういう考えに共鳴したエスペランティストたちの世界的組織です。

日本に限らず、世界のエスペランティストたちの中には、政治や社会に関わらないでおこう、ただエスペラントを普及することがエスペラント運動であるという人たちと、社会に関わり平和運動や国際的な連帯活動としてエスペラントを考える人たちの二つに大きく分かれています。

多くのエスペランティストは中立主義の名のもとに、政治や社会に積極的に関わろうとしません。しかしランティは、アナーキストとして社会の進歩と変革のために闘おうとSATを創立し、また反戦主義者であり、共産党系の人たち、マルクス主義を信奉する人たちとも対立していました。

そのランティが一九三六年二月、前触れもなく突然、日本にやってきたのです。旅券には本名のE・アダムとあったので横浜税関はランティと気づかず、難なく入国することができました。しかしエスペラント学会を訪問したところ、誰かが警視庁に知らせたようで尾行がつきました。

山鹿泰治は以下のように書いています。

「私とランティは、一〇年も前から文通していた。ランティが私に会いたいと言っていると聞いて電話をかけると、ランティは私の忠告通り尾行をまいて、車でやってきた。会ってみると、前に写真で見た彼とは全然違って、白髪の老人だった」。

ボルシェビキ派と対立し、警察にまで追われる身になったランティは亡命先を求めて日本にやってきたのです。仏教に関心があったこともあり日本に来ましたが、日本の警察は彼の活動を許しませんでした。ランティはその後日本を去り、ニュージーランドへ行き、さらにメキシコに渡り、そこでピストル自殺をして波乱の一生を終えました。

スペイン市民戦争が勃発し人民共和国政府を支援

一九三六年七月、スペインで内戦が起こりました。選挙で選ばれたスペイン人民共和国政府に対して、北アフリカのモロッコに駐屯していた右派のフランコ将軍が反乱を起こしたのです。人民共和国政府部内にもいる軍部やカトリック教会などがフランコ側につきました。さらにフランコは、ヒトラー・ドイツに応援を求め、またムッソリーニ率いるイタリアもフランコを応援しました。

これに対して世界の進歩的な人たちは、「ファシズムを許さない！」と立ち上がり、義勇兵として多くの知識人や労働者たちが反フランコの闘いに決起しました。アーネスト・ヘミングウェイや、ジョージ・オーウェル、アンドレ・マルロー、シモーヌ・ヴェイユのような作家やエスペランティストたちも反ファシズムの闘いに加わり、人民共和国政府を支えました。「アナルキスタ・ロート」というエスペランティストたちの中隊もできて勇名をはせました。

もともとスペインではアナーキストの勢力が強く、スペイン戦争では、人民戦線派とファシズム陣営との闘いになりましたが、この人民戦線派、人民共和国政府軍の中にはアナーキストの勢力も大きく、カタロニア地方では一時、アナーキストたちが支配する地域が生まれました。

ジョージ・オーウェルは反ファシズムの闘いに参加すべくスペインに行き、スペイン内戦が終結後、『カタロニア讃歌』を書きました。一九六〇年代の半ばに日本でも翻訳され出版されたこの本を読み、私はいたく感動しました。オーウェルは、フランコ派やスターリン主義者たちを追放し、アナーキストたちが創り上げたカタロニア地方の瑞々しい反権力の小宇宙をこの本で活写しています。しかしカタロニアのアナーキストも義勇兵たちも最後はフランコ派に破れました。

山鹿泰治は、義勇兵になってスペインへ行きたいと思いました。しかし渡航する方法がありません。山鹿はパリの人民共和国政府のセンターに、日本には外人部隊で働きたいという志願兵希望者が数十人はいると言いました。しかし返事は、「志はありがたい。だが手にする武器がない。武器を買う金がほしい。義金を集めるために闘ってくれ」というものでした。そして遂にスペインの共和国政府派は敗北してしまいました。

戦後の山鹿泰治

アジア太平洋戦争末期、山鹿泰治は『老子』のエスペラント訳をして私家版一〇〇冊を印刷し製本した後、あてもなく台湾の高雄に移住し、そこで日本の敗戦を迎えました。

一九六〇年一二月、インドのガンジーグラムで開催された戦争抵抗者インターナショナル、WRI*の第一〇回国際大会が初めてアジア、インドで開催されました。当時はまだ自由に海外へ渡航できない時代ですが、山鹿泰治は参加すべく動きました。しかし外務省は「インドでアナキズム運動をされると困る」と言い、なかなか旅券を出しません。しかし山鹿泰治は、「私はアナキストだ。それと同じようにエスペランティストだ。そして平和主義者だ。今度インドへ行くのは、WRIの大会、平和運動のためだ」と主張、旅券を獲得したのです。

平和活動に徹した山鹿泰治ですが、翌年、脳出血で倒れ、半身不随になりました。そして、「たそがれ日記」を書き続けた異色のエスペランティストも一九七〇年一二月、千葉県市川市の寓居でひっそりと亡くなりました。享年七八でした。

＊ War Resisters International。

第八章　「小日本」に抵抗したカリスマ 出口王仁三郎

大本教と言っても、今の若い人はほとんど知らないでしょう。私が大本教のことを話題にすると、戦前（一九四五年八月一五日以前）生まれの人から、「まだ大本教*は存在しているんですか」と聞かれたことがありました。ことほどさように現在では大本教の存在はとても小さく、希薄になっています。

*大本教団は大本教とは呼ばず、大本と言っておりますので以下、引用以外は大本と記す。

聖師と慕われた王仁三郎

大本は、開祖と呼ばれている出口なおの「お筆先」から始まりました。京都の北部、綾部に住んでいた貧農出身で無学文盲の機織り女であった出口なおに、〈丑寅の金神〉という神が懸かりました。

精神分析の祖、ジークムント・フロイト博士がいうところの、今でいう自動書記現象が起こり、神から「筆を持て！」と言われて書いた、いわゆる「お筆先」は、富国強兵政策を目指す日本の近代化への歩みに対する鋭い批判に満ちています。

その根本精神はまさに「世直し宗教」にふさわしく、根底からの改革を思う烈烈たる精神に満ちていて、私も魅せられました。このお筆先は現在、平凡社から出ている東洋文庫に『天の巻』『火の巻』という書名で刊行されているほどの豊かな内容と資料的価値が認められているものです。二〇一六年に亡くなった安丸良夫（一橋大学名誉教授）の著作『出口なお』（朝日新聞社）は、出口なおの存在とその意味、予言者的な魅力を余すところなく伝えている名著だと言えるでしょう。

大本のもうひとりの教祖である出口王仁三郎《でぐちおにさぶろう》は、大本信徒からは聖師と呼ばれて慕われている存在です。この開祖・出口なお、聖師・出口王仁三郎（以下、王仁三郎と略す）によって生まれた大本は、戦前の一九二一年、一九三五年の二度、帝国主義的な天皇制国家の日本政府から弾圧を受けました。

日本政府によって弾圧された最初の事件は、第一次大本事件と呼ばれています。王仁三郎によって教勢を広げ、また大阪の有力新聞だった日刊の「大正日日新聞」を買収し経営するなどの言論活動にまで乗り出した大本の世直し運動に体制側が危機感を募らせ、不敬罪と新聞紙法違反で王仁三郎や幹部を検挙しました。結果は、大正天皇が死亡したこともあり、免訴となりました。

また第二次大本事件は、頭山満や内田良平ら右翼の巨頭たちが王仁三郎に面会して交流し、また昭和神聖会を結成して街頭活動に乗り出すなど、再び活発化した教団に危機感をいだいた内務省が主導した大弾圧で、亀岡の神殿などの聖地はダイナマイトで爆破されました。政府が非常に危機感を持っていたのでしょう。

罪名は不敬罪並びに治安維持法違反でした。しかし治安維持法に関しては無罪、不敬罪のみ有罪となりましたが、日本の敗戦による大赦令もあり、また不敬罪は消滅しました。

エスペラントと大本

出口王仁三郎は一八七一年、京都府・亀岡市の穴太《あなお》に生まれ、本名は上田喜三郎《きさぶろう》という名で、「きさやん、きさやん」とみんなから親しまれていました。その喜三郎も霊的な能力があり、神に祈っていると、「一日も早く園部に向かって行け」という神示が現れました。喜三郎はお歯黒をつけ、陣羽織という異様な格好で園部方面へ出発し、出口なおに出会いました。なおも当時、神のお告げで「東からやってくる人」が、自分に懸かった神を審神《さにわ》する人*であると信じていたのです。

なおと喜三郎との出会いは、まさに神の縁ともいうべきものなのかもしれません。そして喜三郎は、すみという名の出口なおの末娘と結婚し、名前を王仁三郎と改名しました。王仁三郎となおの結びつきで大本は宗教教団として出発し飛躍的に発展しました。

通常、大本がエスペラントを導入するきっかけは、バハイ教との関係だとよく言われていますが、実際はそれ以前に王仁三郎はエスペラントを知っていたようです。

バハイ教は一九世紀の半ば、ペルシャ（イラン）で生まれたイスラム教の改革派の宗教で、エスペラントを国際語に採用していました。ザメンホフの娘のリディアも最後はバハイ教に入信しました。

＊古代の神道において、神託を受け、神意を解釈して伝える者のこと。

『反体制エスペラント運動史』によれば、宮本正男が戦後、王仁三郎の懐刀といわれた教団幹部の大国以都雄《おおくにいつお》に尋ねたところ、一九一八年、信徒の秦真次《はたしんじ》がヨーロッパ視察から帰ってきた時、エスペラントをポーランドで知った、と言って王仁三郎に話したことが始まりだというのです。

鋭い直感力を持っていた王仁三郎はその時、エスペラントの可能性を信じたのだと思います。秦真次は当時、陸軍中佐、後に中将になった軍人、いわゆる革新将校でした。

エスペラントを採用するバハイ教と大本

その頃、王仁三郎は後述するようにバハイ教の影響もあり、「エスペラントは人類を一つの世界家族に統一するために決定的に重要である」と強く認識していたようです。また一九二〇年の春、東京の各所で大本の講演会があった時、熱心に聞いていたのはエスペランティストであり、詩人のエロシェンコだというのです*。

ロシアからやってきたエロシェンコはその後、大本本部を訪ね、エスペラントとの繋がりができたようですが、しかし実際に大本でエスペラントを奨励するようになったのは、やはりバハイ教との関係が大きく影響したのでしょう。

一九二二年、王仁三郎の妻、すみが静岡県三島駅から大仁《おおひと》に向かう車中で、アイダ・エ・フィンチというバハイ教徒のアメリカ婦人と出会いました。

フィンチ女史は当時六六歳。そして翌年の春、バハイ教のルート嬢とともに大本本部を

*小林司、萩原洋子著『日本エスペラント運動の裏街道を漫歩する』エスペラント国際情報センター、二〇一七年。

訪れます。フィンチは、バハイ教ではエスペラントを国際語に採用していることを話したところ、王仁三郎のエスペラントへの関心は更に高まり、側近の加藤明子にエスペラントの学習を命じました。

京都市の同志社大学でエスペラントの講習会があることを知った加藤明子は、そこに参加してエスペラントを学び、大本内にも研究会が発足しました。王仁三郎もエスペラントを熱心に受講し、後に王仁三郎らしく、『記憶便法エス和作歌辞典』を出版するほどでした。『記憶便法エス和作歌辞典』では、例えば、牛乳はエスペラントでlakto《ラクト》と言いますが、〈乳牛の乳汁多く搾らんと餅米喰わせば楽《ラ》ークト（楽と）出る〉とか、「朝mateno《マテーノ》」という単語では、〈朝寝して一足おくれ停車場へ友のあとから一寸マテーノ〉といった調子です。

しかし、明らかに軍国主義的な色あいが強い歌もあり、その点で宮本正男らは、世上いわれるように大本は戦前、決して平和運動一色ではないと厳しく批判しています。

また、「満洲国建設」に絡んで言えば、王仁三郎に対する疑問が一部には出てきます。前出の『反体制エスペラント運動史』ではこんなくだりがあります。宮本正男と大本の大幹部である大国以都雄とのやりとりです。

〈宮本正男「ところで、橋本大佐らの十月事件は、のちの《満州国独立》に結びつくものですが、大本がこれを支持した形跡が残っていますが…」

大国以都雄「そうですね。…満州国についての大本の役割はそうです、石原莞爾がはっきり依頼したのでしょうが、『満州がいよいよ独立する。そのときにはエスペラントを採用する。これを満人に教えるための教師団の編成を大本で引き受けてもらいたい』というのが、この事件と大本とのすべてでした」〉

石原莞爾は、東条英樹ら軍の主流派との意見の対立から満洲から追われ、王仁三郎の「満洲国」へのエスペラント導入は破綻したというのです。

「日本人のスケール」を超えた王仁三郎

豪放磊落、ユーモアもあり、日本人的な発想を超え、スケールが大きい王仁三郎に魅力を感じる人たちは多いのですが、この「満洲」との関わり、大本第一次事件後の蒙古入りについては、私もまだ納得できないところがあります。

歌をたくさん詠み、『耀盌《ようわん》』（輝かしい碗）と名付けられるほどの素晴らしい焼き物、陶器を創り、また書でも凡人の域を大きく超えた王仁三郎の芸術家として側面を見ると、当時の軍の一部と一見同調するような動きをどう見るかは難しいところです。

この点では、学者や研究家、また教団内でもいろいろと見解が分かれ、簡単に論断できないところがあるようです。

しかしエスペラントについては今でも、大本教団では奨められています。そしてエスペラント世界大会には必ず、大本はＯＯＭＯＴＯコーナーを設け、仕舞などを披露し、信徒の何人かは必ず参加していますので、世界のエスペランティストの間では、大本は日本の宗教の代表的な存在として見られているようです。

王仁三郎とは何者か？　大宅壮一、王仁三郎に会う

出口王仁三郎とはいったい何者だったのでしょうか。何万という歌詠みでもあった故に歌人ともいえるでしょう。屏風などにも大胆に毛筆で絵や書を描き、金重陶陽《かねしげとうよう》や加藤唐九郎など一流の陶芸家から絶賛される作品を創るという点からすれば、陶芸家と呼んでいいかもしれません。

本人は「芸術は宗教の母なり」というほど、芸術に価値を置き、「芸術の趣味を悟らぬ人々は地上天国夢にも来らず」と詠うほどであり、彼が第三者には小説と称する『霊界物語』は、八三巻に亘る膨大なものです。本来はもっと書き続けるものだったのですが、教団が弾圧されたこともあり、途中で筆を措かざるを得ませんでしたが、そのエネルギーはまさに凡人の域を超えています。

世間からは宗教家と見られていますが、本人は「大本は宗教ではない」とも言っています。戦後、「駅弁大学」「一億総白痴化」「男の顔は履歴書、女の顔は請求書」といった流行語を生みだし、その個性的な表現でマスコミ界で大活躍した評論家の大宅壮一は、戦前、京都の亀岡を訪れ、一九三一年に「出口王仁三郎訪問記」（『大宅壮一全集』第四巻、蒼洋社、一九八一年所収）を書いています。当時、大宅は三〇歳ほどです。それを読むと、王仁三郎の素顔といったようなものが良く表われています。

仲間内の大本信徒や出口家から輩出した作家や先生のような身内ではない故に、客観的

に王仁三郎という人間を明らかにしているかもしれません。

「聖師は平民的な方です」

少年時代の大宅壮一にとって王仁三郎は「偉大なる予言者として、僕の村に近い町へやってきた」ことがあったそうです。大宅は友人に誘われ、「恐怖と好奇心にふるえながら、わざわざ一里の路を町まで出かけて行ったものだ」と書いています。

「説教の内容には別に感心しなかったがそうしたあたりの雰囲気――緊張した、いわば革命的というべき空気が僕を引きつけた。そのなかにひたっていると、近い将来になにか大事件、この世の中が、ひっくりかえるような大事件が起こりそうな気がしてくるのだった。そして多感の少年の胸は、漠然とした大恐怖でおののきながらも、どこかでそれを待ち望んでいるようにも感じられた」と記しています。その時の大宅の友人はすっかり大本に魅せられ、信者になり宣伝使（宣教師のこと）になったそうです。

大宅壮一が亀岡の宿で一休《ひとやす》みして、宿の人に紹介状もなしに王仁三郎が会ってくれるだろうかと訊ねると、その人は、「ええ、会って下さいますとも！　聖師様（王仁三郎のこと）は、それはそれは、気軽な平民的な方でして、このあたりへもよくご散歩にお出ましになりまして、わたしどもをつかまえてよく冗談口をおききになりますわ」と言うのでした。

「大本は宗教ではない」

大宅壮一はまた、次のように書いています。

「王仁三郎聖師は、浴衣の上に絽《ろ》の羽織を引っかけて、頭には妙な烏帽子《えぼし》のようなものを頂いているでっぷり太った、がっしりした体格の大男だ。年齢は六十歳以上らしいが、どこか全体に若々しい元気がある。顔も、声も大きい。一口にいえば善良な牡牛の感じだ」

王仁三郎と大宅の会談の席には若い信徒らがつめかけ、二人の会話を書き留めようとしています。大宅は、短歌や『霊界物語』などについて聞いた後、王仁三郎に向かって、当時盛んだった反宗教運動について聞きました。

「反宗教？　わしの方は大賛成じゃ。もともとわしの方は昔から反宗教で押し通して来たんじゃからな」

「でも、大本教だって宗教の一種である以上は、反宗教運動の対象になるんじゃないですか？」

「いや、大本は決して『宗教』じゃない。『大本教』というのは、いわば新聞辞令*で、わしの方は『大本』といってるだけじゃ。『大本』は、政治も、経済も、芸術もみんな引っくるめた、宇宙の大本を説いているのであって、現在ある『宗教』のようなけちなもんと違う」

王仁三郎はこの時、本願寺その他の既成宗教の腐敗堕落を罵《のの》って、大いに新興宗教の意気込みを見せたと大宅は書く。そして既成宗教に対する大本の戦闘的な態度は、王仁三郎

*企業や官職等における要職の任免について、正式発表前に新聞で報じられること。報道だけで実現しない場合は誤報になる。

の歌に表れている、と次の三つを挙げています。

宗教は数多《あまた》あれどもおしなべて営利会社の変名なりけり
宗教は美名にかくれ曲神は人の汗吸いあぶら飲むなり
宗教は牧師僧侶をふりすてて人の心の奥底に棲む

人を縛らない教祖、王仁三郎

戦前、アメリカのハーバード大学に留学し、日米戦争の勃発によって帰国せざるを得なかった鶴見俊輔は、戦後、「思想の科学」などを刊行し、独自の市民的な思想活動を展開し新興宗教にも関心を寄せました。鶴見は、日本の教祖には人を縛る人と、人を縛らない人がいて、人を縛る教祖が多い。しかし、王仁三郎は人を縛らない教祖だから好感を持てる、と書いているのを読んだことがあります。

王仁三郎に実際に会ったことのある古い大本信徒に話を聞くと、みんな、その大らかな王仁三郎の人柄に魅せられています。

戦後も多くの人たちが、人生相談などを含めて王仁三郎に面会を申し入れました。天衣無縫な王仁三郎は、時にふんどしひとつで現れたりしたようです。

今でも古い宣伝使（宣教師）から私が直接聞いた話で印象深かったのは、次のようなエピソードです。

銀行に勤めていたある紳士が王仁三郎に面会を求めました。男は王仁三郎が現れるとすぐさま、「一七歳になる息子のことで相談に参りました」と言ったところ、王仁三郎は、「あんた一七年前に何した？」と一喝しました。

王仁三郎にそう言われると男は、ぶるぶると震えました。一七年前に銀行で不祥事か何かあったのでしょう。その人にとっては決して表に出したくない出来事でした。その男にまつわる、褒められたことではない事件が、今一七歳の少年に思わしくない行状として現れたと私は受けとめました。一九七八年ごろに聞いた話ですが、実に新鮮にその話に聞き入ったことがありました。

王仁三郎の下から輩出した教祖たち

王仁三郎は一九三五年の第二次大本事件で六年八か月ほど獄中生活を強いられ、戦後の一九四八年に亡くなりました。その死までの数年間で『耀盌《ようわん》』と呼ばれる茶碗を三千個ほど創ったのですから、本当に並の人間ではでないエネルギーに満ち満ちた人間でした。ちなみに『耀盌』(輝かしい碗)と名付けたのは、陶芸評論家の加藤義一郎です。

王仁三郎の心が広くて懐の深い下から、「生長の家」の教祖・谷口雅春、お光様として有名な「世界救世教」という教団を立ち上げた岡田茂吉などが大本から外に飛び立ちました。

宗教家だけでなく、合気道の創始者である植芝盛平も王仁三郎の下にいました。植芝が綾部に移住する際、王仁三郎に挨拶に伺うと王仁三郎は、「武の道を天職とさだめ、その道を究めることによって大宇宙の神、幽、現三界に自在に生きることじゃ。大東流*も結構だが、まだ神人一如の真の武とは思われぬ。あんたは、植芝流でいきなされ」と語ったということです。

そして植芝盛平は大本に入信し、王仁三郎の側近として一九二四年、王仁三郎が蒙古入りした際には、ボディガードとして王仁三郎を守りました。

王仁三郎は植芝盛平に多大な影響を与えました。合気道という命名も王仁三郎がつけたという説もあり、また王仁三郎は、合気に愛気を掛け合わせて、気を愛することの意味を示したようです。

植芝盛平は道場で、出口なおのお筆先の冒頭の言葉、「三千世界、一度に開く梅の花」と声を出して手を開き、続いて「梅で開いて松で治める」と述べて手を合わせる所作をしていたそうです。合気道は今や全世界に広まっています。

鶴見俊輔が言うように、人を縛らなかった王仁三郎の下から本当に多くの人材がこのように輩出したのです。

王仁三郎と鎮魂帰神

三島由紀夫に『英霊の聲』という小説があります。この小説は二・二六事件の首謀者の霊が、「帰神《かむがかり》の会」で呼び出され、人間宣言した天皇を「などとすめろぎは人間《ひと》となりたまいし」と何度も何度も執拗に呪詛する内容です。

*植芝盛平が当時所属していた合気柔術。

この小説の最後に三島が参考文献として挙げた一つが、王仁三郎の下にいた友清歓眞《ともきよよしさね》の『霊学筌蹄《れいがくせんてい》』という書です。帰神の方法は大本の鎮魂帰神法から取ったものでした。

友清歓眞は一九二一年の第一次大本事件が起こる前、大本にいて王仁三郎の鎮魂帰神法を学びました。当時、大本教団では盛んに鎮魂帰神を行い、病を治したり、また呼び出される霊に関心を持つ人たちが大本にやってきました。

その一人に浅野和三郎がいます。浅野は東京帝国大学英文科在学中に小泉八雲に学び、卒業後は横須賀の海軍機関学校の英語教官を務め、また英文学者として著名でした。

浅野和三郎は子どもの病が祈祷師によって治ったのを見て、この種の現象に非常に関心を持ち、大本に引きつけられ、一九一六年四月に綾部にやってきて王仁三郎に会いました。そして、当時八一歳になる出口なおに出会い、「自分は生来初めて現実の穢土に清らかさ、麗しさ、気高さの権化ともいひつべき肉体を見た、と思うた。生来未だかつて心の底の底から真に恭敬の念慮をもって、首を下げたことの経験のない自分が、大本教祖により初めて《敬服》といふ言葉の真味を体験せしめられた」と書いています。

浅野和三郎はその後、一家で綾部に移住しました。植芝盛平といい浅野和三郎といい、それなりの傑物たちが王仁三郎というカリスマの魅力に引かれて綾部にやってきたのでした。その浅野和三郎も第一次大本事件後、大本を離れて独自の活動を始めました。

秘かに反戦の意思を伝える王仁三郎

王仁三郎は第一次大本事件の保釈中の身で、本来なら国外に出ることなど禁じられていましたが、植芝盛平ら側近を五人ほど連れて秘かにモンゴルに出かけました。王仁三郎はモンゴルを経由して最終的にはエルサレムを目指していたようです。

「東亜の天地を精神的に統一し、次に世界を統一する心算なり、事の成否は天の時なり、煩慮を要せず、王仁三十年の夢今や正に醒めんとす」と詠った王仁三郎でした。

満蒙の地は、張作霖や彼の支援を受けたモンゴル革命軍など複雑な争いの地でもあり、遂に内モンゴルと満洲との境界の町パインタラで張作霖に捕まりました。そして銃殺されようとする段階で日本領事館が介入し保釈され、王仁三郎は熱狂的な信者に凱旋将軍のように迎えられ日本に戻ってきました。

しかしその後、一九三五年の第二次大本事件では徹底的に弾圧され、王仁三郎も島根県の松江で逮捕され、六年八か月もの間、獄中生活を強いられました。しかし一九四二年七月、大阪控訴院での第二審判決では治安維持法違反については証拠がないとして無罪、また不敬罪では有罪となったが敗戦による大赦で解消し、王仁三郎と夫人のすみ子も釈放されました。

王仁三郎に平穏な生活が戻ってきましたが、訪れる信者の中には前線に向かう兵士たちがいました。王仁三郎はそんな彼らに、鉄砲は空に向けて撃てと助言しました。敵兵を殺さないためです。また、「我敵大勝利」と読める守りを持たせています。

＊責付《せきふ》出獄、勾留を停止して家族の責任で見張らせ、京都府以外に旅行する時は当局の許可を得なければならなかった。

四代教主になるであろう孫の出口直美の婿にと、王仁三郎から熱心に望まれて出口家入りをした栄二が出征する時、王仁三郎のところに出向き「お国のために尽くします」と挨拶したところ、王仁三郎は即座に「この戦いは悪魔と悪魔の戦いじゃ。早う帰ってこい！」と栄二に対して言いました。この事実を私は直接、出口栄二から聞きました。そして事実、栄二は医者から帰郷するようにと言われました。柔道も嗜《たしな》み頑健な出口栄二でしたが、身体検査で医者から「体がおかしいから帰郷せよ」と強く言われたのでした。

放棄した国家賠償請求権利

一九四五年八月、日本はアジア太平洋戦争に敗北しました。しかし当時の旧支配権力者たちは、国体護持や不敬罪の存続を諦めようとはしませんでした。しかしＧＨＱは一〇月四日、明治・大正・昭和に亘って民衆を抑圧してきた「思想・信教・集会・言論の自由に対する制限を確立または維持」する法令・制度の撤廃を指令しました。治安維持法なども廃止され、一〇日には国事犯、政治犯も釈放されました。天皇の名前で有罪とされた、第二次大本事件は前述したように不敬事件も無に帰しました。

第二次大本事件の弁護士たちは合議の上、無謀な弾圧と長期拘留に関して、政府に対して補償を求めるように決めました。その打ち合わせは、亀岡の中矢田農園にある王仁三郎たちが住む家で行われました。たまたま会議中の部屋の前を通りかかった王仁三郎はその補償のことを聞き、補償の請求をするなと言いました。王仁三郎は次のように言ったのです。

「今度の事件のお蔭で大本は戦争に関与できない境遇におかれ、人類の平和に対する発言権を与えられた。これはまったく神の恩寵である。今度の事件は神様の摂理でわしはありがたいと思っている。賠償を求めて、敗戦後生活に苦しんでいる国民の膏血《こうけつ》をしぼるようなことをしてはならない」（出口栄二著『大本教事件』）。

弁護団はすでに賠償請求額も検討していましたが、この王仁三郎の考えを知った清瀬一郎ら弁護士たちは「これが本当の宗教家だ」と感激し、即座に補償の請求を取りやめました。

「吉岡発言」で世界平和を発信

六年八カ月という長い獄中生活は王仁三郎の身体を弱めました。しかし、作陶に力を注ぎ数々の『耀盌』を創りあげましたが、実は夫人のすみ子によれば、「聖師はんは、本当は彫刻がしたかったんや。未決から帰ってすぐその準備をされたが、聖師はんの体が弱っていてとてもだめだと止めさしたんや。今となって、先生の好きなこと何でもさしてあげたらよかったのになぁと思う」と、王仁三郎が亡くなった後、述懐したと言います。*

一九四五年一二月八日、大本事件解決報告祭が綾部で開かれ、全国から千五〇〇人ほどの信者が集まりました。交通網がまだ整備されていない中、いわば口コミで信者たちがはせ参じたのです。その二日後、王仁三郎は鳥取の吉岡温泉に清遊しました。その吉岡温泉に滞在中、『大阪朝日新聞』の記者が訪ねて来ました。この時の王仁三郎の談話は、一二月三〇日付の朝日新聞に、〈予言的中〝火の雨が降るぞよ〟――新しい神道を説く出口王

＊出口栄二著『大本教事件』。

仁三郎翁〉という見出しで掲載されました。その談話を紹介してこの章を終えましょう。

「自分は支那事変前から第二次世界大戦の終るまで囚われの身となり、綾部の本部をはじめ全国四千にのぼった教会を全部たたき壊されてしまった。しかし信徒は教義を信じつづけて来たので、すでに大本は再建せずして再建されている。…自分はただ全宇宙の統一和平を願ふばかりだ。日本の今日あることはすでに幾回も予言したが、そのため弾圧をうけた。〝火の雨が降るぞよ〟のお告げも実際となって日本は敗けた。これからは神道の考え方が変ってくるだろう。国教としての神道がやかましくいわれているが、これは今までの解釈が間違っていたもので、民主主義でも神に変りがあるわけではない。ただ本当の存在を忘れ、自分の都合のよい神社を偶像化して、これを無理に崇拝させたことが、日本を誤らせた。（中略）いま、日本は軍備はすっかりなくなったが、これは世界平和の先駆者としての尊い使命が含まれている。本当の世界平和は、全世界の軍備が撤廃したときにはじめて実現され、いまその時代が近づきつつある」（『大本七十年史　下巻』）。

残念ながら、この王仁三郎の予言は未だ実現しておりません。

第九章　大勢に抗して闘う斎藤秀一

いつの時代であろうと、その時の大勢の動きに文句も言わず、順応して生きることは難しいことではありません。しかし、その時代の大きな政治の流れに抗して発言し行動することはなかなかできることではありません。とりわけ戦前の帝国主義天皇制国家の日本では、人々の言論や行動が徐々に規制され、権力によって個人の存在が否定され、時には命も取られるということもありました。そのような時代のなかで、ローマ字化運動を展開し、ユニークな活動を貫いたために監獄に繋がれ、若くして亡くなったエスペランティストがいました。その名は斎藤秀一《ひでかつ》です。

寺の息子として誕生

斎藤秀一は一九〇八年、山形県庄内平野の東南のはずれ、東田川郡山添村（現、鶴岡市櫛引町）にある泉流寺という曹洞宗の寺の子として生まれました。時代は日露戦争が終わって三年目で、軍国主義がどんどんと突き進む時代でした。

徳富蘆花は、「一歩誤らば爾《なんじ》が戦勝は亡国の始め」と、しっかりとその後の日本を予見していました。日韓併合、台湾占領、そして中国大陸へ、日本はわき目もふらずに海外に侵攻し軍国主義への道を走り出したのです。

斎藤秀一の父、秀苗は二〇歳で徴兵され、日露戦争に従軍しました。寡黙で厳格な父・秀苗に比して、秀一はおとなしく静かな少年で、小学校を卒業して県立鶴岡中学に入学しました。ほとんどの子どもたちは中学へ進学することもなく、小学校を出ると同時に働く人が多かった時代でしたから、そういう意味では寺の長男として秀一は恵まれていたというべきでしょう。

斎藤秀一が九歳の時、一九一七年には、レーニンやトロツキーのボルシェビキ党に率いられたロシアの労働者農民によるロシア革命が成功し、世界に大きな衝撃を与えました。日本政府はロシア革命の他地域への波及を恐れ、革命を圧殺しようとイギリスやアメリカとともにシベリア出兵を行いましたが、酷寒とパルチザンの抵抗にあって失敗しました。しかし、ロシア革命の影響が朝鮮や満洲に及ぶのを阻止するために、米英よりも遅く、一番最後に撤退しました。日本国内では米騒動が全国的に拡大していました。大正と呼ばれたその時代の後半は、大正デモクラシーと呼ばれる時代でもありました。

一九二三年九月一日には関東大震災が起き、その混乱の渦中、アナーキストの大杉栄がどさくさにまぎれて憲兵隊によって惨殺され、また警察権力に同調した民間人の自警団によって多くの朝鮮人や中国人たちも殺されました。

文学青年として成長

多感な中学時代、斎藤秀一は絵を描く一方、読書にも熱心で、菊地寛や谷崎潤一郎の作品を読んで日本文学に傾倒しつつ、グリム童話や『アラビアンナイト』『ハムレット』『レ・ミゼラブル』など、海外の作品をも読むような文学少年でした。

学校の勉強以外では、雑誌に詩や短歌、俳句などをよく投稿して掲載され、それが楽しみでもありました。掲載された詩などを通して、各地の同好の少年たちと文通を始めたり、また千葉県の「明正詩社」や愛知県の「新生命社」などから、社友になってほしいという依頼も受けるほどでした。

一九二六年四月、斎藤秀一は駒沢大学予科に入学しました。駒沢大学の前身は、曹洞宗専門学校です。曹洞宗の寺の長男ということで彼自身はとりわけ望んだわけではないようでしたが、駒沢大学に進学しました。ここで斎藤はエスペラントに出会いました。

一九二七年五月の「読売新聞」に、「世界に向かって日本を紹介するにはエスペラントによるべきであり、それは翻訳にもっとも都合のよい言語だからである」という主張が掲載された記事がきっかけでした。

その日の日記に、「我が国を世界に紹介するのにエスペラントが最も都合のよいものかどうか、私には判断しかねる。（中略）それにしても妙にエスペラントを研究したくなる」と記しています。そして翌年からエスペラントに取り組むのでした。

斎藤秀一は、世界の言葉をみんな知りたいというほど語学に関心が深く、一九二九年の夏休みには帰郷もせず、ロシア語の講習会に参加し、プロレタリア文学運動の理論的リーダーである蔵原惟人からロシア語を学んだりしました。しかし時代は、徐々に右傾化していきました。

一九三〇年、『蟹工船』で知られたプロレタリア作家、小林多喜二が銀行を辞め、四月初旬小樽から上京し、小林多喜二を歓迎する会が江口渙や秋田雨雀《うじゃく》らによって開かれました。その背後で警察は、二月から七月にかけて共産党シンパの労働者や学生たち約一五〇〇名を逮捕するなど、大陸侵攻の準備を始めていました。

エスペラントに取り組む

斎藤秀一は、地元の新聞「鶴岡日報」に三回に亘って、「エスペラントについて」という文章を連載するなど執筆活動も旺盛で、またローマ字の魅力に魅かれてローマ字運動に力を入れていました。駒沢大学での卒業論文は、「片仮名の起り――歴史及びその将来」というもので、数多くの世界の言語が登場します。具体的に言えば、朝鮮、中国、英、仏、独、露からマレー語、インディアン語、ラテン語、ポルトガル語、スペイン語、琉球語、ドラヴィア語、そしてサンスクリット語まで広がっています。

しかし駒沢大学東洋文学科を卒業したものの就職はままならず、故郷の山形県の山奥にある分校の教師になりました。斎藤秀一にとって帰郷は「敗北の道」のように思えました。しかし、どこの小学校でもローマ字を教えていなかった時代、斎藤秀一は生徒たちにローマ字を教えました。

満洲事変が起こり、戦争気分が世相に充満する中で、斎藤秀一の反戦の意志は燃えたぎり、「二〇ページオ　ヒラキナサイ　ヒトゴロシ　チュウギト　オシエル　ココロワ　クライ」という歌を詠み、天皇の名において人を殺したり、自ら命を捨てる誤りについて批判しました。

プロレタリア作家同盟に入ろうとする斎藤に警察の動きが迫り、一九三二年九月、同僚の三浦鉄太郎、塚田正義らとともに斎藤は初めて官憲に逮捕されました。地元の「荘内新報」には、「東郡大泉校分校教場から／赤化教員三名検挙／ローマ字研究を名に文化闘争の／左傾化サークルを結成」という見出し、そして小さい文字の本文の後、「斎藤、塚田は直ちに解職」という小見出しが続いていました。

しかし新聞の論調に変化が見られます。九月一七日付け「荘内新報」は、「吉村鶴岡署長は極秘に付し語らざるも、同村にはローマ字研究会なるものありて会員五〇余名を有し、斎藤は同研究会よりローマ字機関誌なるガリ版の雑誌を発行しているもので、今回の事件の内容はほとんど問題にならぬものらしく、単に斎藤秀一、塚田正義は常に文化闘争の研究に耽溺しつつあるに過ぎず、具体的運動の形跡は認めないと云うので、大山鳴動の感あるものと見られている」と記しました。

それでも斎藤秀一は、危険人物として特高*の監視下に置かれました。

＊特別高等警察という秘密警察。

一女を残した短かった結婚生活

このような状況下でありながらも、縁談話が進んでいました。斎藤秀一は、結婚すれば研究の自由が無くなると思い、いかにして縁談を断るかと口実を探していましたが、彼の周囲は結婚すれば斎藤の腰も落ち着くものと思っていたのです。斎藤は、家を出ることも考えていましたが、一九三四年一一月、三歳年下の富樫於英という曹洞宗林高院の住職、富樫玉宏の三女と結婚しました。

二人の間に、長女晴美が於英の実家で生まれました。しかし、斎藤の両親と於英との折り合いが悪く、斎藤の実家の強い申し入れで、於英の母親が晴美を泉流寺に連れてきて、一九四〇年離縁が成立しました。結果的に斎藤が死亡する半月前の出来事でした。二人はお互いに憎しみを持っていたわけではなく、平和な家庭を築きたいという気持ちがありながら、この結婚は不幸な形で終息しました。これも時代の為せるところということになるのでしょうか。

闘うエスペランティスト

日本は、植民地支配をした台湾や朝鮮では日本語を強制的に押し付けました。政治的な支配は、常に言語支配を伴っていたのです。

斎藤は一九三四年から『文字と言語』を発行しました。五〇頁ほどの冊子でしたが、ローマ字論や国際語論などについて、一流の人たちがこの冊子に執筆しました。

第一三号に徴兵拒否者だった石賀修が書いた「エスペラント運動におけるザメンホフ主義」の原稿に触れて、斎藤はこう書いています。

「民族と民族との間の不和をなくそうとしてエスペラントを作ったザメンホフの精神をば、今や日本の一部のエスペランティストはきれ草履のように投げ捨てたばかりでなく、逆にエスペラントを民族の間の争いを激発するために利用している。この時にあたって我が国においてザメンホフ主義をあくまでも守ることは、頗る大きな意義をもっている」（佐藤治助著『吹雪く野づらに』）。

一九三〇年代、日本のエスペラント界は、プロレタリア・エスペラント同盟と日本エスペラント学会に大きく分かれていました。しかし、官憲の弾圧を受けてプロレタリア・エスペラント運動は徐々に衰退していきました。そうしたなか「中日戦争は正義の為の戦だ」と謳ったパンフレットをエスペラントで印刷して世界中にばらまいたエスペランティストたちが台頭してきたのです。

斎藤秀一は、そのような状況の中で、被圧迫大衆の解放精神にもとづいて、エスペラント運動の範囲を広げ、それを国際的な文字改革の運動に高めようと格闘し続けました。

エスペランティスト大島義夫は、斎藤について次のように記しています。

「民族の独立はその独立をささえる大衆の思想と行動を統一するために、その民族語を確立しなくてはならないし、民族共通のことばを確立するには、文字とことばを大衆的に共通のものにすることがその前提条件になる」と書き、「日本のおくれた農村に生きるひとりのローマ字スト、エスペランティストが、その先頭に立った。彼のこの抜きん出た思想と果敢な実行とは、日本の暗い谷間のなかで挫折せざるを得なかった」（佐藤治助著『吹雪く野づらに』）。

教職を解雇される

「山形国民新聞」は、斎藤秀一を解雇した学校長の不当行為を報道しました。友人の中には、名誉毀損で訴えるようにと勧めてくれる人もいましたが、斎藤は特に行動に移すということはしませんでした。特高警察にまともな道理など通じることはないだろうと、その本質をしっかりとつかんでいたのです。

斎藤は鶴岡市を出ることなく、読書と執筆中心の生活になりました。庄内方言の研究に力を注ぎ、「庄内方言の特徴」などの論文を書き、東京の言語関係の雑誌に送り、原稿料を手にしますが生活を賄うほどではありません。「アカ」のレッテルを張られた斎藤を採用してくれるところなどはありません。父親とも相談しましたが、採用されるところが仮にあったとしても小学校の教員しかない現状です。斎藤は「そういう仕事はどうも好きになれないし、さればといってほかにふさわしい仕事など一つもない」と、当時の気持ちを日記に書いています。

斎藤にはいつも監視の目が注がれていました。そして最初の逮捕から一か月目の一九三二年一一月、二度目の検挙がありました。罪状は、プロレタリア作家同盟山形支部準備会鶴岡地区委員会に出入りしたこと。そしてその組織部長兼教育部長に推薦された、というようなものでした。拘束は短いものでしたが、一二月には「赤旗」「無産青年」などの左翼文書配布ということで三度目の逮捕となりました。

日本政府の言語政策を批判

一九三二年のその年、日本は中国東北部に、傀儡国家「満洲国」をでっち上げました。「五族協和」というスローガンを掲げながら、各民族の共通公用語は日本語とされたのです。

一九三六年四月発行の『文字と言語』第9号の新刊紹介欄で斎藤秀一は、『ローマ字世界』三月号に掲載された高柴金一郎の「弟民族と日本語」に触れてこう書いています。

「植民地に於ける日本語教育が上がらないのは主に漢字のせいだから、日本式ローマ字の採用によって、彼らが『母国語を殆んど忘れる程にわが日本語をつぎ込まねばならない。一つの民族の言葉を文化的に滅すといふことは罪悪でも何でもない』と教える。実に驚くべき言語帝国主義だ！　彼等が『日本語を呪ふ』のはかういう言語帝国主義への無言の反抗ではないか！　民族語が消え失せて世界中が同じ言葉を使ふやうになることは大いに結構だ。しかしそれは日本語の『弟民族』（台湾・朝鮮人）への押付けといふが如き片手落ちな手だてによって実現されるものではない。世界語の形造りの為には各々の民族が等しい権利を以てこれに馳せ加はらなければならない。要するに高柴氏の主張はローマ字を以て『アジャの親国になる為』の文化的銃剣にしようとする主張である」と当時の日本政府がとっていた言語政策を根底的に批判しています。

時代は暗黒時代へ

中国への侵略を批判する者を治安維持法で弾圧し、共産主義者はもとより自由主義者と呼ばれる人々まで検挙されるような時代になっていきました。ヨーロッパではドイツでヒトラーが権力を握りつつあり、ユダヤ人への迫害が進行していました。

一九三三年二月、プロレタリア作家・小林多喜二が虐殺され、六月には、日本共産党の中心人物だった佐野学と鍋山貞親が獄中転向した、という記事が各紙に大きく出ました。

そのようななか斎藤は『文字と言語』第7号に、「満洲国に於けるローマ字化の一般的方針」という論文を発表しています。当時の中国の全人口四億三千万の約八〇％に当たる三億五千万人の文盲の原因は、中国語が象形文字のため非常に難しく、それを学ぶ暇と金のある金持ちにのみ都合のいい文字であることを理由の一つに挙げ、こう論じています。「支那民族にとって、ローマ字化をすすめることは、四億の民衆の民族解放の一つの手段として、支那民族全体が大きな関心をもつべき事項でなければならない（注）」。

中国では、抗日戦争を闘う文学者の間で、「国防文学論争」というものが起こりました。周揚《シュウヨウ》たちは〈国防文学〉を、魯迅《ロジン》らは〈民族革命戦争の大衆文学〉を、という二つのスローガンの下、論争が巻き起こっていたのです。

「国防文学」運動は、ローマ字化と結びつけて闘われていました。斎藤秀一は一九三七年三月発行の『中国文学月報』第一四号に次のような文章を発表しています。
「雑誌やビラで大衆に訴えてみたところで、全国民の八〇％が明き盲（原文ママ）の中国では、容易に反響がおこらない。魯迅氏はかつて、「中国には文字が全くないに等しい」という名言を吐いたが、八〇％の大衆のために書かれた文章が、僅か二〇％の知識分子にしか理解されないという大きな矛盾が生まれる。そこでは、大衆に文字を知らせることが国防運動の第一の任務になる」。

斎藤秀一は、中国の民衆が抗日戦争を闘うためには、文字を普及し社会を正しく認識する文化的な力が重要であることを明らかにし、『支那語ローマ字化の理論』を中国エスペラント運動の中心人物である葉籟子《ヨウライシ》や魯迅にも郵送しています。ちなみに葉籟子は、後に中国科学院文字改革委員長になっています。魯迅は一九三六年八月八日の日記にしっかりと、「斎藤秀一『支那語ローマ字化の理論』二冊郵送してくる」と記しています。

また斎藤は、上海世界語者協会の機関誌『ラ・モヴァード』に、「日本のローマ字運動史」という論文も書いています。

注：当時は支那語、支那民族は差別語ではなく、中国の人々も支那ということばを使っていた。

日中は全面戦争へ

一九三七年七月七日、蘆溝橋事件が勃発します。近衛首相は〝不拡大方針〟を発表しますが、関東軍は意に介さず、日本はどんどん兵を送り込み、中国を侵略し全面戦争へ突き進んでいきました。そのような時代、斎藤秀一は山形県庄内平野の一隅から、中国の言語学者や作家らと交流を進めていたのです。

一九三七年六月、斎藤は全文エスペラントの雑誌『ラティニーゴ』を創刊しました。ラティニーゴ（LATINIGO）とはエスペラントで「ローマ字化」という意味です。その年の三月、『文字と言語』第11号に次のような文章を発表しています。

「ローマ字運動の国際戦線を打ち立て、それぞれの国に於ける理論と運動の経験とを交換するために、新しい雑誌「LATINIGO」を五月に創刊します。既に支那・ソビエート同盟・シャムの仲間から執筆の承諾を得ています。あなたも外国の仲間にしらせたいことは何でも書いてドシドシ送ってください。使う言葉はエスペラントです」。

そして一九三八年、斎藤秀一は『ローマ字ニュース』に、

「今、世の中では国粋主義が幅を利かせているが、外国のことでもよい所はこれを採り、たとえ外国人とでも同じ目的をもつ場合は、これと手をつなぐという大国民的態度がいずれの世にも望ましくはないだろうか」と書きました。

中国への侵略戦争を突き進むなか、日本は〝大和民族〟の優越性を声高に主張し、国体の神聖化を訴えていた時代です。排外的なナショナリズムがますます進行するなかにあっ

て斎藤秀一の著作活動は大きな意味があったでしょう。

朝鮮を併合し台湾を植民地にした天皇制国家日本は、人々に日本語を強制し、朝鮮語や台湾語などの使用を禁じていた時代です。エスペラントに共鳴していた斎藤はもちろん、それぞれの民族語の価値を認めていましたので、日本政府の言語政策を受け入れることはできませんでした。

作家・石川達三が書いた小説『人間の壁』には、この当時の斎藤について記した文章があります。この小説は、一九五五年初めの教育行政の中央集権化が進む時代のなか、ひとりの女教師の生活と思想を描いたものですが、その主人公がかつての歴史を記した本を開いて、初めて戦前の苦難の時代を知る文章に出会うのです。そこには、斎藤のことが書かれています。

「昭和一四年、山形県庄内の言語学者斎藤秀一氏が中国の文人と文通しているということに疑いの眼を向けたのが、酒田警察の砂田特高係であった。たったそれだけのことから、いわゆる『生活主義綴方運動事件』あるいは『雑誌（生活学校）編集グループに関する事件』が特高警察によって捏造された。

山形県警察は警視庁と連絡のうえ、まず松山俊太郎を検挙し、ついで東北六県の特高会議をひらいて方針をさだめ、昭和一五年末までに、日本全国にわたっておよそ三百人の若い教師たちを検挙した。大部分は治安維持法違反の嫌疑ということになっていた」（新潮文庫中巻、六二頁）。

エスペラント界の二極分裂

前述したように日本のエスペラント界は、プロレタリア・エスペラント同盟と日本エスペラント学会に大きく二分されており、エスペラント学会の機関誌には「皇紀二千六百年」「東亜の指導者日本」などと国策に沿い、〝聖戦〟の一翼を担うような動きが起こっていました。

日本が植民地にした台湾や朝鮮の人々に日本語を強制し、彼らが母国語を話すことを禁止したような状況に、日本エスペラント学会は、大勢として何らの異議を唱えることもありませんでした。「日本のエスペランティストが非国民でないことを示し、現在のような不利な時代でわれわれの運動に活気を与えるため」という浅はかな理由で、一九三四年、長崎で行われた日本エスペラント大会では、「愛国飛行機エスペラント号」あるいは「国防献金納の件」を提案する人たちが現れたりしていました。

また中には、Japanujo（ヤパヌーヨ、日本）とJapano（ヤパーノ、日本人）とエスペラントで言い表していたのを、Nipponlando（ニッポンランド、日本）、Nippono（ニッポーノ、日本人）と言おうと提案するグループなども現れたりしました。そしてまた、「エスペラント報告同盟」を結成して積極的に時局に便乗する人たちも現れました。

招かれざる人ランティの来日

　第八章の山鹿泰治のところでも書きましたが、当時のこのような日本の雰囲気を表わす象徴的なエピソードがSAT*の創始者であるランティの来日に見られます。

　一九三六年一一月、日本にやってきたランティはフランス出身で本名はウージェーヌ・アダムと言い、日本でもプロレタリア・エスペラント運動が盛んだったら、彼は大歓迎されたでしょう。しかし、当時の日本では招かれざる客人だったのです。

　日本エスペラント学会の機関誌「ラ・レヴォ・オリエンタ*」は、ランティの来日について全く報道することもありませんでした。ランティは、ソヴィエト連邦の社会主義への疑問などを含めたさまざまな要因でSATに亀裂が生じた後、SATを去りました。そしてヨーロッパを脱出して、SATの国家や国民、民族を無くそうとする考えや理想を日本でなら大きくできるのではないかと思ったのでした。

　ランティはアダムという本名で、一九三六年一一月二八日、横浜に入港しました。横浜税関はランティの経歴も知らず、難なく日本に上陸しました。日本エスペラント学会からランティ入港の知らせを受け取った三宅史平が横浜に迎えに行き、東京のホテルに泊まりました。そのホテルは本郷にあった当時の学会事務所に近く、エスペランティストと連絡を取ることも便利な位置にありました。しかし数日後、四人の警官が三宅を伴い、ランティを訪問しました。警官はランティに、SATや国際プロレタリア・エスペランティスト同盟などの会員などと接触するなと伝えました。ランティは海外からの手紙の受け取り

＊国民性なき全世界協会。

＊東方評論の意。

場所を日本エスペラント学会気付けにしており、毎日、学会事務所に顔を出していましたが、所員たちがなんとなくランティを避けるような雰囲気を感じました。またエスペランティストの会合にも招かれることもありませんでした。

ランティは、エスペランティストの竹内藤吉から招待を受け、一九三七年の夏、竹内の故郷である石川県山代町の温泉町で過ごした他は、京都と大阪で三か月間だけ、エスペランティストと交流することができました。しかし、「中立主義を捨て去れ」と主張してSATを設立した戦闘的なエスペランティストも日本では十分にエスペラントを活用できず、一九三七年一二月三日、神戸港から日本を去りました。ランティの日本での一年間の活動が日本のエスペラント界の状況を如実に表わしているでしょう。

日本のエスペラント界を批判する少数派

しかし、もちろん中にはこのような状況に関して批判した人もいました。

例えば清見陸郎は、日本エスペラント学会の機関誌に、「みずからの言語、歴史および伝統を持っている他の民族ないし種族に、おのれの国語を無理に押しつけることは、それ自体自然に反している」と書き、朝鮮語がいつまでも栄えることを要望し、朝鮮人と日本人が相互に理解しあうために、エスペラントを使うように勧めて、こう書きました。「朝鮮人諸君！　諸君の願い、悲しみ、怒り、感情のあらゆるニュアンスを徹底的に表現したいと実際に思うなら、エスペラントにおもむけ！」と、体制側に寄り添った日本エスペラント学会に対する内部からの批判でした。

斎藤秀一は、日本エスペラント学会に入りませんでした。そして一九三八年、治安維持法違反で五回目の検挙を受け逮捕されました。

孤独な厳しい監獄のなかでも斎藤は、抵抗の心情を短歌にしましたが、獄中で肺結核になったのです。一九四〇年四月に釈放されますが九月、腹膜炎を併発し自宅で亡くなりました。

高杉一郎は戦後、「日中エスペラント交流史の試み*」のなかで、「文盲を一掃すべきであるとした中国のラテン化運動を、日本のエスペラント運動のなかに、ほとんど完全な形で反映していた。この目だたぬ地方のエスペランティストがじつにねばり強い活動をつづけていたことを私がはじめて知ったのは、一九六〇年に北京を訪れて、葉籟子と雑談しているときだった」と書いています。斎藤の名前と功績は、戦後になっても中国で生きていたのです。

また小林司は一九九三年の『ラ・モヴァード』誌に、「エスペラント運動と斎藤秀一」と題してこう書いています。

「（斎藤）秀一は諸民族の間の友愛と正義というザメンホフの理想を忠実に実践したという点では、最も正当なエスペランティストだったといえよう」。

斎藤秀一は、まことに貴重なエスペラント界の人材でした。

また小林司が斎藤の蔵書を調べた折り、獄中で薬包紙に綴った斎藤の詩を発見しました。

＊『文学』一九六六年三月号、岩波書店。

看守の目をかいくぐって針金でひっかいたような非常に小さい字で書かれた詩を最後に掲げてこの章を閉じましょう。

城跡の枯れ木の空の夕焼けを　鉄の窓から眺めやる
鉄窓に頬をくっつけて外見れば　自由な蝶々ひらひら
読み終えた本　また手に取って開いてる
白い菊　冷たい空気の中に開いて
とらわれてもはや一年
ラジオの琴に聴き入る監房の日曜
汲みいれられるお汁
少しでも多かれと見詰めている
僅かばかりの陽だまりに
顔照らされる監房の中
夜になって目つぶれば
初めて自分だけの世界（原文ローマ字・小林司訳）

終章　なぜ、エスペラントは普及しないのか⁉

「エスペラントはまだあるの？」

前章まで、少数の人たちですが個性的に生きてきた日本のエスペランティストたち、いわば「非日本的日本人」とも言うべきユニークなエスペランティストたちを紹介してきました。しかし現在、時に私がエスペラントを口にすると、「エスペラントってまだあるの？」とか、「死滅してないの？」と聞かれることがあります。

つい最近でも、日本有数の書店でエスペラントについて書かれた本が今あるかどうかを女性店員に聞きましたところ、パソコンで在庫を確認してくれ、三冊ほどの本を挙げてくれました。しかし彼女は、どうもエスペラントについてほとんど知らないのではないかと思い、改めて聞いてみたところ、その二十代の女性は、「エスペラントは、ヨーロッパにある一つの国ではないのか」と思ったそうです。もう笑い話

大類善啓（近影）

木村護郎クリストフ（近影）

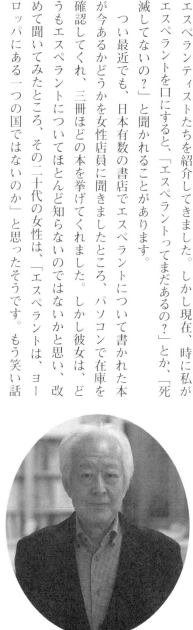

を越えて、唖然という気持ちになりました。しかしこれが現実なのです。

かつては学校の教科書で世界共通語の話が出ていたとか、ザメンホフのことが出ていて関心を持ってエスペラントを勉強し始めたという人たちがいました。現在、日本のエスペラント界の最先端で活躍している人の中にも、何人かこのような人たちがいます。

ところが、エスペラントに関する〝世間〟の認識は、「まだ死滅していないの？」というような状況なのです。千人ほどの会員を有している公益社団法人日本エスペラント協会が東京にあり、都内だけでも一〇以上あるロンド（エスペラントの勉強会）があるにも関わらず、とりわけエスペラントに接していない人たちの頭の中には、エスペラントという世界共通語なるものの存在は、もう忘却の彼方にあるようです。

しかし、そういう人たちでも、現実にエスペラントを使ったり、今なお学習する人たちがいる、ということを知ると驚いたりします。その驚きとまでいかなくとも、その反応の心模様を推測すると、「今頃、エスペラントを勉強しようなんていう物好きがいるんだ」、あるいは「エスペラントを学習するなら、英語を勉強した方が役に立つんじゃないの？」という声がその裏に潜んでいるような気がするのは私だけでしょうか。かなりの人の中には、こういった声があるのだろうなと思います。

あるいは、エスペラントの理念は立派だ、しかしエスペラントは普及していないではないか。エスペラントを勉強したって、なにも役に立たないのではないか、という声が現実には多いような気がします。

国際会議ではなぜ、英語が話されるのか？

国連総会やさまざまな国際会議では、英語が母語でない人たちも当然のように英語で演説し、議論が英語で進行する様子を見たり聞いたりすると、そのような意見が出てくるのは自然だろうなと私も思います。しかしそこには、英語を母語にしている人々にとって問題は何もないだろうが、英語を母語としない人たちにとっては、討論する時には不利だろうなと認識し、こういう現実そのものが不公平ではないか、と思うところまでいく人は必ずしも多くはないように思えます。

ともあれ、多くの人たちにとってエスペラントというものは、一般的に普及しているようには見えないのでしょう。事実、多くの人たちがそう思うのが当然だというような状況が、残念ながら現にあることだけは認識せざるを得ません。なぜ、そうなのか。

ここでエスペラントを駆使して世界のエスペランティストと交流し活動する友人知人のエスペランティストにインタビューして、このような疑問を持つ人々に対して、エスペラント側からの意見を聞いてみて、このような疑問に少しでも応えていきたいと思います。

まず、上智大学外国語学部でドイツ語や社会言語学などを教える教授、木村護郎クリストフさんに話を聞きました。木村さんの母親はドイツ人で、家庭ではドイツ語を話し、外に出ると日本語を話していました。木村さんが生まれて育った場所は名古屋です。

名古屋での高校時代、歴史が好きだった木村さんは、『世界の歴史』という週刊百科雑誌にザメンホフについての記事があり、そこで初めてエスペラントなるものがあるのだと知り、驚きました。

「世界＝アメリカ」への疑問から

木村：私が住んでいた名古屋という世界最大の田舎（笑）は、住んでいる人々は多いんですが、国際的ではなく、学校では僕以外に外国系の人はいないので、すごく珍しがられていたという環境の中で育ちました。それはいいんですが、みんなアメリカしか知らないから、私にアメリカのことを聞いてくるけど、知るわけないですよ。言葉についてもドイツ語というと、それどんな英語って聞いてくる。本当に、英語しか知らない。アメリカしか知らない。すごく世界観が狭くなっているということが気になったんです。

英語を国際語と言って気にするが、実際にみんなが気にするのはアメリカであり、他の地域に対しておろそかになってしまっているのではないか、という漠然とした問題意識が木村さんにはありましたが、国際語というのは英語だからと高校時代には英語クラブに入っていたのです。ところが大学に入学すると、エスペラントクラブがあり、日本で本当にエスペラントをやっている人がいるのだと木村さんは知り、入部しました。

木村さんでも、すばやくエスペラントはマスターできず、戸惑ったようですが、ドイツで開催された世界青年エスペラント大会に出て、『星の王子様』の芝居をやったりしてエスペラントを覚えていきました。

そして学生時代に、エスペラントを通じて韓国の人たちと仲良くなったというのがエスペラントの原体験だったと語ります。「エスペラントを通じて、知っているヨーロッパとかドイツだけではない国々の人々と交流をしたいと思って何回か韓国にも行ってエスペラントで交流しました」と語るのです。

エスペラントの持つネットワーク

さて、木村さんはエスペラント界の現状をどう見ているのでしょうか。

木村：現在の世界の状況を見ると、おそらくエスペラントが初期からかなり話されてきた地域、ヨーロッパではエスペラントを話す人が以前より減っているのではないでしょうか。但し、全体的な世界的な広がりというと、かつてないほど広がっているとも言えます。例えばアフリカではほとんどエスペラントを話す人が見られなかったが、二〇一九年末、アフリカで大会が開かれ、南米でもブラジルで大会が開かれるなどかなり盛んになってきました。

アジアでも昔は、日本と韓国、中国くらいしかエスペランティストがいなかったのが、インドネシアやフィリピンなどさまざまなアジアの地域からエスペラントを話す人が日本を訪ねるようになっています。そういうことを考えると、今はかつてなく広がっているとも言えます。

かつては冷戦時代、とりわけヨーロッパでは、体制の壁をこえた東西という交流がエスペラントの一つの特徴だったのが、現在は、南北をつなぐ言語として新しい役割を担えるのではないかと思います。南北というのは、いわゆる先進国と途上国という関係ですが、その対等でない状況がコミュニケーションにも表れていて、南側の人たちが英語やフランス語など、元の植民地支配の時に話されていた言語を学ばされ、先進国側があまり言語的には苦労しないという問題があります。そのような中、アフリカのコンゴ民主共和国など、厳しい状況にある国でもエスペラントを学んで世界とつながろうとしている人々がいます。エスペラントは、《国際協力の言語》ということで現実的に既に一部では使われていますし、今後も中立的な言語として果たしうる役割があるではないでしょうか。

一九八七年、エスペラント学会がエスペラント生誕一〇〇周年記念大会を行った時、当時は国際交流が主題でした。エスペラントによる交流はある意味、先駆的な存在でした。日本と韓国や中国との交流でもエスペラントはある程度、先進的でした。

ところが現在は、国際交流は猫も杓子もやっているわけで、エスペラントはその中で埋没してしまっています。いろいろと国際交流をやっている中で、エスペラントはみんながやっていることと同じじゃないかと言われる可能性があります。単に交流するだけでなく、一緒になって協力していくには、もう少し深い関係が必要であるし、人間関係が必要になってくる。そう言ったときに、エスペラントが培ってきたネットワークが重要です。自分は今、そこに期待して、そこにエスペラントの一つの可能性を見出しているのです。

時代を先取りしていたエスペラント

大類：エスペラントの理念は立派だが、現実に一般的に普及していないと、言われることについてはどうお考えでしょうか？

木村：エスペラントの理念は明らかに時代を先走り過ぎていて、ついていけない人たちが多かった。今でも世界の大多数の人はついていけない。つまり同じ地球に住んでいるにも関わらず、言語が違ったり国が違ったりするだけで、途端に仲間意識を持たなくなってしまう。連帯感が終わってしまう。同じ日本人だからと言うけど、同じ地球人とは言わないですね。オリンピックも当たり前のように、国ごとに応援する。頭に国という意識がしみついています。

「星火方正」(注)を読んで大変勉強になったけど、確かに、明治以前の一般の日本人には、国という意識はまったくなかった。国といえば、自分が住んでいる郷土のことであり、いわゆる日本という単位で考えている人はほとんどいなかったんですね。そこから一九世紀から二〇世紀にかけて、ナショナリズムが強くなって、圧倒的に支配的なイデオロギーにな

注：大類善啓「国際主義を超えてHOMARANISMOを！　K・マルクスからL・ザメンホフの人類人主義へ」（方正友好交流の会会報16号、二〇一三年五月刊）、高井弘之「「日本人」はどうやってつくられたか、そして、どこに向かうべきか」（方正友好交流の会会報28号二〇一九年五月刊）

ります。

エスペラントは、そのような、国単位という意識が席巻した一九世紀、二〇世紀の、「お国のために死ぬ」という考えが当然とされていた時に、「国を超えた、地球全体を見る」という、当時では一歩先を行く考えでした。当時のナショナリズムが全盛の時にエスペラントは、まさにナショナリズムが引き起こす問題を見据えて生まれたのです。

ナショナリズム同士がぶつかり合う状況を見据えてザメンホフは心を痛めて、これではダメだと、ナショナリズムを超えた、同じ人間としての連帯が必要だということでエスペラントを提案したのですが、その後は第一次世界大戦、第二次世界大戦が起きて、ザメンホフの理想とは全く逆になりました。というか、ザメンホフの危惧したとおりのことが起こってしまったのです。

エスペラントの理念に世界が近づいてきた！

木村：このままいくとナショナリズムがぶつかり、大変なことになるとザメンホフは予言し、それを見越してエスペラントを作りました。その意味で、ザメンホフは、当時の多くの人よりも深く現実を見ていました。人類的な破局を防ぐために彼は必死にエスペラントの背後にある「人類人」の考えを広めようとしたのですが、世界は逆方向に動き、結局は恐れていたとおりになりました。ザメンホフの子どもたちを含む家族の多くも第二次大戦でナチスに殺されました。

第二次世界大戦後もザメンホフの理想のように行かずに、東西冷戦という時代になり世界規模に拡大していく。それが過ぎた後、二一世紀は平和になるかと思ったら今度は、宗教紛争や民族紛争といわれる紛争が起こりました。

今国連は、ＳＤＧｓサステナブル・ディベロップメントゴールズという〈持続可能な開発目標〉を掲げて、人類が共通で取り組む目標を二〇一五年に掲げました。具体的に今、地球にはこれが必要だと言ったことを提起するようになりました。これはおそらく人類史上の初めてと言っていいぐらいのことです。エスペラントは、人類の目標を共有して、人類の課題としてそれを取り組むものとして作られた言語ですが、やっと今、世界はちょっとエスペラントの理念に追いついてきたのではないかと思います。

だからエスペラントは、理念は良かったが言語が普及しなかったというのではなく、理念が先走り過ぎて、誰もついていけなかった、一部しかついていけなかったが、ようやく今、ナショナリズムの問題とか人間の、細かい違いにこだわるのを超えて、どう見ても世界には共通の課題の方が多いと気づいてむしろこれから世界が、エスペラントがずっと念頭においてきたことに取り組むような時代になってきたのではないかと思います。

世界的に見たとき、エスペラントだけが成功しなかったのでなく、他の理想も成功していないですよね。つまり、具体的にみると、差別とか貧困、難民などの問題が残るのに言語問題だけが解決するわけはなく、エスペラントだけがうまくいかなかったというわけではなく、環境問題、人権問題などもうまくいっていない。

人類に悲観することはあっても（笑）、エスペラントにだけ特に悲観することはないと思います。エスペラントは、ゼロから出発して、世界の数千の言語のなかでは、実は話し手の数ではかなり上位に来る言語にまで成長しました。人類の言語史上、計画された言語案がいわば「一人前の」言語に発展したのは前例のないことです。そうはいっても「世界共通語」には程遠いのも事実です。もしエスペラントが失敗したというならば、世界全体が平和の維持に失敗してきたという流れの中で考えなければいけない。

マスメディアの責任はないのか？

大類：アジアでもインドやネパールでエスペラントを学習している人も出てきているが、そういう状況を一般の人は認識してない。メディアの責任もあるのでは？

木村：メディアは地道な交流など何が面白いのか、ということでなかなか取り上げないけど、ガンジーが面白いことを言っています。

「ヒンド・スワラージ」、『真の独立への道』という本の中で、彼が非暴力主義を唱えたことに対して、あるジャーナリストが〈非暴力主義というのは非現実的じゃないですか。世界の教科書を見ても、歴史は戦争ばかりじゃないですか？　戦争で物事を解決していますね〉と言ったのに対して、ガンジーは、〈そうではありません。戦争があると特別なことだから歴史の教科書に載るけど、ほとんどの問題は、人間は非暴力で解決しているのですよ。たまにそれがうまくいかないと戦争が起こるのであって、戦争ばかりで物事を解決しているなら人類はとっくに滅びている〉と言いました。

戦争が一部だったからこそ、戦争が教科書に載るのだと言ったのです。同じように、六〇年ほど日本で過ごした私の知り合いのドイツ人に会うといつも、「私がいたころのドイツは良かったのに、最近のドイツの新聞などのメディアで見れば、ひどいことばかりだ」と言う。メディアだけを見るとそうなってしまうんです。

日本に長く滞在している南ドイツ新聞のジャーナリストは、記事の中で日本のことを悪く書いたりして文句を言っているようにみえるので、それに反論しようとゼミに呼んでみて話を聞いたことがあります。日本が嫌いなのかと思ったら、そうではなく、日本は素晴らしい国で、いいことがたくさんありますと言ったんだけど、〈新聞でそういうことばかり書くと読んでくれないので、新聞では問題があることを書かざるを得ないんですよ〉と言ったのです。こういうところにジャーナリズムの限界があると思うんです

エスペラントについても、地道な交流をしていても目立たないということがあります。ただ最近、堀泰雄*さんのように、エスペラントで中身のある活動をしていると、ジャーナリズムも注目していて、テレビ、ラジオ、芸術作品まで取り上げられ、群馬県の現代芸術祭で堀さんをモチーフにした芸術作品が注目されたということもあります。

エスペラントをただ使って楽しむだけではなく、こういうことのためにエスペラントを使う、というように中身を重視していくことを今後心がけると、地道な交流で見えないことが、もう少し世間でも見えるのではないかという気がします。エスペランティストにも

＊群馬県前橋市在住のエスペランティスト。エスペラントを使って東日本大震災などの状況を世界に発信し続けている。

責任があるかもしれません。

現代は英語ハラスメントの時代だ！

木村：エスペラント・ハラスメントという朝日新聞の記事*がありました。確かにそのような勧誘は問題だと思います。でも、それを言うなら、英語ハラスメントはどうなのかとも思います。国を挙げて、英語だ英語だとハラスメントをやっていますね。学生みんなに受験や就職で英語を勉強させている。身近な小さいハラスメントは気になるけど、そういう大きなハラスメントには人間はなかなか目がいかない。役に立つからいいということで免罪されている。それが実際に及ぼしている弊害を考えてしまいます。

この前京都で、エネルギーの問題に関するセミナーをやったんです。ゼミで扱っているテーマなのでゼミの学生に、みんなで行こうと言ったら、はじめから予告していたのに、行けないという人が半分以上いたんです。なぜ行けないのかというと、TOEIC*の試験を受けないといけない。就職するために、この統一試験を受けないといけないので行けないと。人によっては十回以上も受けているのだそうです。どこまで英語が必要かもわからないのに、またTOEICで英語のコミュニケーション力が本当にはかれるわけでもないのに、就職するためにこんなに試験を受けないといけないというのはおかしい。TOEICのために大学の勉強ができない。英語ハラスメントが勉強を妨げているわけです。

TOEICの試験はテクニックの要素が強い。本当の英語の勉強になるならまだしも、

*会社の上司からしつこくエスペラントの学習会に誘われた女性が身の上相談でどうしたらいいかという投稿をした。

*トーイック、国際コミュニケーション英語能力テスト。

うまくいくテクニックを勉強して、逆に、ちゃんと考えるような内容のあるものを読んで考えるという時間が取れなくなる。大学と関係あるセミナーにＴＯＥＩＣのために参加できない。これは、日本の現状を象徴しています。『英語を学べばバカになる』『英語の害毒』『英語化は愚民化』という本がいくつかでていますが、これ以上英語をむやみに推進するのは、こういった本の主張を論破してからにしてほしいものです。英語自体というよりも、英語と向き合う日本社会のありかたが問題です。

大類：いびつな英語偏重主義ですか。

木村：現実には仕事で英語が必要であるとか、学問をする上で英語を使うことは確かにあるのです。だから、僕は、英語をやめるんではなく、〈節英〉ということを言っています。* 英語を、節度を持って使うということです。今は明らかに、はめをはずしている。そこが問題です。

大類：かつて、木村さんが本多勝一さんのインタビューを受けた際*、本多さんは、〈英語があたかも世界共通語だというその中に潜む、英語を母語としない多くの人々にとって不公平である、という認識すらない〉、という現状を批判しています。

木村：そういうことに気づくには、どうしたらいいのか。フランソワ・グランというスイスの言語学者が面白いことを言っているんです。エスペラントについて文句を言う人は、エスペラントはヨーロッパ語に近い、ヨーロッパで生まれたから平等ではないじゃないかという。でもグランは、だからといってエスペラントより英語がいいというのであれば、

＊木村護郎クリストフ編著『節英のすすめ』、萬書房。

＊「世界共通語『エスペラント』の可能性」、『「英語」という“差別”「原発」という“犯罪”』（金曜日、二〇一一年）所収。

民主主義が完璧でないから封建主義でいいというのと同じじゃないかというのです。

もっと基本的なこととしては、言語による不平等自体が意識されていない。

人間の歴史を見てみると、日本でも一九四五年以前は、女性が参政権を得ていないのに〈普通選挙〉と言われていた。今から思えば〈普通〉でなく〈異常選挙〉なのに、それが普通だった。今でも男女で格差がありますが、それは問題であって、普通ではないと認識されるようになりました。

ほかにも、宗教が違ったりしたら差別していいとか、人種が違えば差別していいとかあった。アメリカは、今は中国などを批判するとき、人権の本家みたいな顔をしていますが、アメリカだって一九六〇年代までは黒人を差別していいという社会でした。ヒトラーは、ユダヤ人迫害に際して、アメリカの黒人差別を参考にしていたのです。それが今では、まだ問題はあるものの、人種差別はおかしいことだということが広く共有されています。以前では当然と思われていたものを「おかしい」と気づく過程が人類にはずっとあったと思うんです。

さまざまな差別や偏見に少しずつ気づいていく過程があったなかで、言語に関してもようやく一九九〇年代以降、エスペランティスト以外からも、そういった意見が出てきました。私の学生時代にそのことが話題になり、言語権と言われて注目していたんですが、二〇一八年に国際連合も、言語の権利に関する指針を出しているんです。国際連合においても言語の権利に取り組むということの意味を見出している。今のグテーレス事務総長は、言語問題にも理解ある人で、国際連合で多言語を支援するということについて、本人が出演して多言語プロモーションビデオを作り、英語だけでなく多言語の権利、いろんな言語の権利を守ることが大事だとネット上でもアピールしています。

英語ができるのは人類の少数派である！

木村：他方でしかし、国際連合のＳＤＧｓの目標の中には一六九もの項目があるのに、言語が取り上げられていないんですね。ところが実際には、開発目標に取り組むには言語が必要であり、言語の不平等を考えないと結局は立ちいかない。市ヶ谷のＪＩＣＡ*の本部のＳＤＧｓの展示会を見に行ったけど、教育などについて、言語の問題が扱われていました。

しかし、ＳＤＧｓ自体には、教育は大事だというけども言語のことは一切出てこない。作っている人が、いわば英語エリートの人が作っているので、言語の問題を感じたことがない人が国際社会を作っている。だから、そうでない人がほとんどであることが認識されていないんです。

でもグローバルに人々の関係を作っていく際には、「人類の大多数は英語ができない」という状況を認識しないといけない。英語ができるのは人類の少数派ですから、国際語と言ってもそういった現実を考えないといけないのですが、英語で考えているいわゆるグローバル・エリートはそこのところを自覚していないのでないか。そこの自覚が今後どこまで深まっていくかということが大事かなと思います。

＊ジャイカ／独立行政法人国際協力機構。

多数派は、あるいは権力をもっている人たちは、いろんな特権を持っている。その特権に無自覚なマジョリティーが自分たちの特権に気づいていくことから公正さが始まる。特権を持っているいろんな人たちは、自分たちは差別していないと思っているが、実際には不平等な構造の中でたくさん得をしている。言語についてもアメリカの人や各国で英語エリートになれた人というのは、自分が特権を持っていることを気づいていない。あるいは、気づくことを、自分の優位が失われることを恐れているので、そこをあまり言わない。少しずつ、気づかれない特権や不平等が言語面でもあるということを意識していく、ということが大事だなと思います。

大類：エスペランティストが少数派から多数派に成りうるにはどうしたらいいのでしょうか？

木村：当面はマジョリティーになる気配がないですね（笑）。政治的に考えてヨーロッパ連合（ＥＵ）にエスペラントを導入してもらおうという考えがあるけど不可能なんです。ＥＵの前身となった組織（ＥＣ、欧州共同体）ができる時の会合で、加盟国の国語をＥＵの公用語にすると規約で決めました。今なお「国が強い時代」なので、「国語」でないエスペラントは国際機関の言語にも教育の言語にもなれません。

仮に国連でエスペラントを採用しようとしても、常任理事国は戦勝国の既得権として自国語を国連公用語としていて、ここでもエスペラントの入る余地はありません。

「エスペラント界の閉鎖性を打破したい」

木村：エスペラントと英語の大きな違いは、エスペラントは英語に比べると話し手が少ないということですが、そのことは必ずしもマイナスでもないと思っています。と言うのは、エスペラントはビジネスで活用するというわけではなく、国をこえた人間関係を作りたい人が学ぶわけですよね。その点で言えば、例えば韓国に何万人エスペランティストがいることが自分にとっては必要なのではなく、数人や十数人でいいから心を開いて語りあうことができ、仲良くなれる人がいればいい。

英語ができるからといってすぐ仲良くなれるわけではないが、エスペラントは、友達を作りたい人が学ぶ言語ですから、英語を使うよりもエスペラントの方がすぐ友達になれる人に出会う機会ができる面もあります。

例えば私が学会で韓国へ行くと、英語を使わなければいけない。しかし、他の人たちがヒルトンホテルなどに泊まっている間、私はエスペランティストの仲間のところに泊まっている。ヒルトンに泊まるよりも韓国のエスペランティストのアパートに泊まって現地の生活の一端を体験している自分の方がどれだけ贅沢かと思います。

そういう意味での贅沢な体験を味わうことが一つのエスペラントの役割かなと思うのであまり数の少なさを問題にするよりか、少なさ故にできること、量を質で補うことに注目すればエスペラントも捨てたものではない。エスペラントは金もうけには役に立たないかもしれないが、友達を作るには効果的に役にたつということを認めないといけないのではないかと思います。

大類：エスペラントに理解がある言語学者の田中克彦さんが、フランス語やドイツ語を学ぶ動機には、言語の向こうにある、それぞれの文化の魅力がある。しかし、エスペラントにはそういう意味では創作文学は少なく、エスペランティストと言われる人たちに魅力がなければ他の人たちがエスペラントを学ぼうとしないだろうと言われたことがあります。ある著名な作家が、たまたまエスペランティストと旅をして、エスペランティストから排他的な感じを受けて、彼らと今後は付き合う気はない、とその人から聞いたことがあります。

木村：それはエスペラントの最大のパラドックスですね。限りなく開かれた関係を目指そうと思いながら、エスペランティストの中でまとまりができてしまい、新たな壁をつくってしまっているということがあるかもしれない。エスペランティストが今一番反省すべきことは、お互いの中でのオープンさと同じような開かれた気持ちを、エスペラント界の外に対してどう作っていくかということじゃないかと思います。

英語だったらネイティブになれないとか、ある種、排除する側面を持っているがエスペラントは言語として誰も排除しないから、学べば仲間に入れる。しかしエスペラントも、ある程度やる気がないとか時間がないと学べない。やはり言語だからそれなりのハードルが高い。そこのところは、なかなか超えることが難しい。つまり、エスペラントを学ぶ人というのは、勉強する意思と時間がある人になってしまうので、そこの限界に対する自覚というものがエスペランティストには欠けている面があると思います。

エスペランティストが反省すべきことは、エスペラントの中で閉じこもって満足してしまうことだと思います。僕自身は自分の方針としてエスペラントの催しをやる時は必ず、エスペラントを話さない「外」の人たちにも開くことにしています。開かれた場でエスペラントについて話す場を作るとか、エスペランティストでない人が来られる機会を作ったり、シンポジウムでもエスペランティストでない人を呼んで、エスペラントのつながりが逆につくってしまう閉鎖性を少しでも打ち破りたいと思っています。

若い人たちよ、エスペラント界へ来たれ！

木村さんの発言を聞いてうなずくことばかりです。そして改めて思うことは、若い人たちが新たにエスペラント界へ入って、この閉鎖性を打ち破り、新しい風を吹かしてほしい。そして例えば、エスペラントで歌を創り世界に発信してほしいと思いました。この場合、若い人というのは戸籍上の年齢は関係ありません。戸籍の上で年齢が高くても、精神が、心が、若々しい人は多くいるはずです。現に、この私、大類がそうです！(笑)

最後に掲載したザメンホフの言葉を知れば、「よし、エスペラントをやってみるか」という気持ちになるでしょう。

エスペラント界に少し身をおいていると言っても、私はエスペランティストと名乗れるほど語学力はありません。しかし、最終頁に紹介したザメンホフ自身の言葉を読んで、改めて、やる気が出てきました。モノにならなくても、ザメンホフの言葉に応えたいと思いました。自分で言うのも気が引けますが、こういう気持ち、感情、気分が大事じゃないでしょうか。

エスペラントを使う共同体

臼井裕之さんは中国の北京で、『EL POPOLO ĈINIO』*の編集者を経験された日本有数のエスペランティストです。

小学生の時に、「人工語エスペラント」があると本で読み、「人工語ってどんな音がするのだろう」と興味を持ちました。ネットなどない時代、実際に辞書を手にしたのは中学生になってからでした。

京都在住の臼井さんはメールでこう答えてくれました。

臼井：一般的に言えば、崇高な理想はエスペラントの半分でしかなく、エスペラントがここまで続いてきた後の半分は、実際にエスペラントを使う共同体が成立したという事実にあるのではないかと思います。前者が国際語の理想であれば、後者は少数言語としての現実ということもできるでしょう。

大類：エスペラントの理念は立派だが、大衆化してこなかったという意見については？

臼井：これはエスペラントの理念とは何かの定義にもつながる問題かと思います。一番ありがちなのは、エスペラントの背景に、文化や政治や経済がないので、そのようなものを

＊『人民中国』のエスペラント版。

持っている英語に負けたという回答でしょう。エスペラントにも若干の文化はあると思うのですが、その厚みが英語のような民族語に比べると圧倒的に薄いのが大衆化してこなかった原因ということになります。しかし、そもそもエスペラントを誰もが話している、という想定された状態だけがエスペラントの理念の実現なのでしょうか。

そして臼井さんは、こう言います。

臼井：エスペラントも完全に文化的に中立ではなく（例えば、そのヨーロッパ諸語への近さ）政治的に中立であるに過ぎないのです（＝その言語を国家語とする国家が存在しない）。つまり、エスペラントも普遍言語の理念に照らしてみれば、必ずしも「立派」なものではなく、どこかで現実と妥協しています。英語帝国主義は仕方がないという現実との妥協と、どこかの民族語に近い言語でしかありえないという現実との妥協は実は程度の差で、英語帝国主義だけが妥協でエスペラントの理念だけが崇高というわけではないないのかもしれません。

ここまで述べた二点は、エスペランティストとして大いに異論のあるところだと思うので、最後に少し希望が持てる話をします。現代が英語の全盛時代であるのは確かですが、それを支えている条件は未来永劫変わらないわけではないということです。例えばＡＩの進化が進むと、言語と文化の関連も変わってくるかもしれません。冒頭にエスペラントに文化その他の背景が薄く、英語は厚いから大衆化したと述べましたが、これも近代特有のことです。それ以前は、例えばラテン語やサンスクリット、古典漢語、現在でも古典アラビア語は同時代の特定地域の文化から遊離しているところにこそ価値がありました。ラテン語自体を復興しようとする運動もありますが、それとは異なった文脈で、エスペラントはラテン語の復興の試みと捉えることもできるでしょう。

また、もっと具体的にはAIによる通訳によって実際のコミュニケーションのために外国語を学ぶ必要がなくなったとしたらどうなるでしょうか。人々はわざわざ難しい英語を学ばなくなるかもしれない。しかしパソコンのキーボードで文字を打つ現在でも書道がなくならないように、外国語学習という営為自体は生き残るかもしれない。その時になって多くの人が趣味としてエスペラントを選ぶ時代が来ないとも限らないでしょう。非常に空想的な話をしているように聞こえるかと思いますが、数年前から発売されている『ことのはアムリラート』いうパソコンゲームの主軸がエスペラントです[注]。

言語名は「ユリアーモ」だが、実質はエスペラントそのものです。その影響でエスペラントに入ってくる若い人が（ほんの若干ながらも）増えて来ています。私には世界的な変化が、日本から始まっているような気がしてしかたありません。

要するに、エスペラントの理念の一般化／大衆化というのは、エスペランティストやそれ以外の一般の人たちが思っているのとはまったく違う形態で、すでに実現化していたり、これから実現化するのかもしれません。その意味で、エスペラントの理念やその大衆化ということをあまり固定化して考えない方がいいように思います。

今こそ、長谷川テルの精神と行動を思い起こそう

木村護郎クリストフさん、臼井裕之さんの発言を聞いて、読者諸氏はどうお考えになるでしょうか。

私には、エスペラントが普及するかどうかよりも、今生きているエスペランティストの精神のありようと行動が重要なのではないかと思います。

近年、声高に「自国ファースト」を叫ぶ多くの世界の政治家の発言を聞くにつけ、戦前の日中戦争のさなかにあって、国境を超えて中国で、反戦平和のメッセージを全世界に向けて発信したエスペランティスト、文字通り、ザメンホフの人類人主義を実践した長谷川テルの精神と行動こそ、今こそ思い出し、甦らせる時ではないでしょうか。その声が大きくなればなるほど、エスペラントの持つ力が多くの人々に認識されてくるだろう、と思うのは私だけではないでしょう。

注：『ことのはアムリラート』の主人公の少女が、日本とそっくりなのに言葉が通じない異世界に迷い込む。その世界で人々が話す言語は「ユリアーモ」と呼ばれ、それがエスペラントそのものなのだ。朝日新聞によれば、二〇一七年八月にパソコン用ゲームとして発売以来、約一万本のヒットを記録した作品だという。（朝日新聞二〇二〇年一月一八日、Ｂｅ週末別冊版）

引用・参考文献

エスペラント・ザメンホフ一般について

『ザメンホフ――エスペラントの父』伊東三郎著（岩波新書、一九五〇）
『危険な言語――迫害のなかのエスペラント』ウイリッヒ・リンス著／栗栖継訳（岩波新書、一九七五）
『20世紀とは何だったのか――マルクス・フロイト・ザメンホフ』なだいなだ、小林司著（朝日選書、一九九二）
『ザメンホフ――世界共通語を創ったユダヤ人医師の物語』小林司著（原書房、二〇〇五）
『国家語をこえて』（ちくま学芸文庫、一九九三）
『エスペラント――異端の言語』田中克彦著（岩波新書、二〇〇七）
『ザメンホフの家族たち――あるエスペランティストの精神史』高杉一郎著（田畑書店、一九八一）
『わが名はエスペラント――ザメンホフ伝』岡一太著（ザメンホフ伝刊行会、一九八〇）
『武器では地球を救えない――エスペラント語をつくったザメンホフの物語』和田登著／高田勲画（文溪堂、二〇〇四）
『反体制エスペラント運動史』大島義夫・宮本正男著（三省堂、一九七四）
『同じ太陽が世界を照らしてゐる』栗栖継著（北大路書房、一九四九）

『言語的近代を超えて――〈多言語状況〉を生きるために』山本真弓編著／臼井裕之、木村護郎クリストフ著（明石書店、二〇〇四）
『新エスペラント読本』川西徹郎編（財団法人日本エスペラント学会、二〇〇九）
『媒介言語論を学ぶ人のために』木村護郎クリストフ、渡辺克義編（世界思想社、二〇〇九）
『日本エスペラント運動の裏街道を漫歩する――「人物」がつづる運動の歴史』小林司、萩原洋子著（エスペラント国際情報センター、二〇一七）
『ザメンホフの生涯』エドモン・プリヴァ著／水野義明訳（リックマンズワース、一九五七）
『人物でたどる――エスペラント文化史』後藤斉著（一般財団法人日本エスペラント協会、二〇一五）
『リディア――エスペラントの娘リディア・ザメンホフの生涯』ウェンディ・ヘラー著／水野義明訳（近代文藝社、一九九四）
『日本エスペラント運動人名事典』峰芳隆監修／柴田巌、後藤斉編（ひつじ書房、二〇一三）
『CD付 4時間で覚える地球語エスペラント』小林司、萩原洋子共著（改訂版、白水社、二〇〇六）
『国際共通語の夢』二木紘三著（筑摩書房、一九九四）
『日本エスペラント運動史』初芝武美著（日本エスペラント学会、一九九八）
『国境を越えるヒューマニズム』鈴木靖、法政大学国際文化学部編（法政大学出版局、二〇一三）
『「英語」という〝差別〟「原発」という〝犯罪〟――貧困なる精神24集』本多勝一著（金曜日、二〇一二）
『英語教育解体』金井和正著（現代書館、一九七八）

『英語をこえてエスペラントへ――英語化教育からの解放のために』衣笠弘志著（エスペラント普及研究会、一九九九）
『エスペラントとグローバル化――民際語とは何か』タニヒロユキ著（日本エスペラント図書刊行会、二〇〇三）
『埼玉県エスペラント運動史』埼玉エスペラント運動史・編集委員会編（一般財団法人日本エスペラント協会、二〇一九）
『実戦・世界言語紀行』梅棹忠夫著（岩波新書、一九九二）
『エスペラント体験』梅棹忠夫著（日本エスペラント図書刊行会、一九九四）
『非ユダヤ的ユダヤ人』アイザック・ドイッチャー著／鈴木一郎訳（岩波新書、一九七〇）
『日本エスペラント協会100年史』日本エスペラント協会100年史編集委員会編（一般財団法人日本エスペラント協会、二〇二〇）
『ユダヤ学のすべて』沼野充義編（新書館、一九九九）
『牛乳屋テヴィエ』ショレム・アレイヘム著／西成彦訳（岩波文庫、二〇一二）

中国との関係について

『長兄　周恩来の生涯』ハン・スーイン著／川口洋、美樹子訳（新潮社、一九九六）
『パリの周恩来――中国革命家の西欧体験』小倉和夫著（中央公論社、一九九二）
『私は中国の指導者の通訳だった――中日外交 最後の証言』周斌著／加藤千洋、鹿雪瑩編訳（岩波

書店、二〇一五）
『満洲国の断面――甘粕正彦の生涯』武藤富男著（近代社、一九五六）
「中国のアナキズム運動とエスペラント」手塚登士雄著（『トスキナア』第三号所収、トスキナアの会編、皓星社、二〇〇六）

長谷川テルについて

『嵐の中のささやき』長谷川テル著／高杉一郎訳（新評論社、一九五四）
『中国の緑の星――長谷川テル反戦の生涯』高杉一郎著（朝日選書、一九八〇）
『長谷川テル――日中戦争下で反戦放送をした日本女性』「長谷川テル」編集委員会編（せせらぎ出版、二〇〇七）
『増補版 テルの生涯』利根光一著（要文社、一九八〇）
「長谷川テル」近藤富枝著（『人類愛に捧げた生涯――人物近代女性史』所収、瀬戸内晴美編、講談社、一九八一）
『長谷川テルを辿る旅』あごら大阪編（BOC出版部、二〇〇二）
『闇を照らす閃光Ⅱ――長谷川テルを上海・重慶に偲ぶ』あごら大阪編（BOC出版部、二〇〇四）
『長谷川テル作品集』宮本正男編（亜紀書房、一九七九）

由比忠之進及び伊東三郎について

『我が身は炎となりて――佐藤首相に焼身抗議した由比忠之進とその時代』比嘉康文著（新星出版、二〇一一）
『伊東三郎　高く　たかく　遠くの方へ――遺稿と追憶』渋谷定輔、埴谷雄高、守屋典郎編（土筆社、一九七四）

山鹿泰治について

『カタロニア讃歌』ジョージ・オウエル著／鈴木隆、山内明訳（現代思潮社、一九六六）
『バルセロナ日記――カタルーニャとエスペラント』平井征夫著（リベーロイ社、二〇〇三）
『ジャック白井と国際旅団――スペイン内戦を戦った日本人』川成洋著（中央公論新社、二〇一三）
『スペイン文化読本』川成洋編（丸善出版、二〇一六）
『スペイン内戦〈一九三六～三九〉と現在』川成洋、渡辺雅哉、久保隆編（ぱる出版、二〇一八）
『山鹿泰治――人とその生涯』向井孝著（自由思想社、一九八四）
『墓標なきアナキスト像』逸見吉三著（三一書房、一九七六年）
『大杉栄評論集』飛鳥井雅道編（岩波文庫、一九九六）
『アナーキズム』アンリ・アルヴォン著／左近毅訳（白水社 文庫クセジュ、一九七二）
『アナーキスト人類学のための断章』デヴィッド・グレーバー著／高祖岩三郎訳（以文社、二〇〇六）
『資本主義後の世界のために――新しいアナーキズムの視座』デヴィッド・グレーバー著／高祖岩

三郎訳・構成（以文社、二〇〇九）

出口王仁三郎について

『大本七十年史（全二巻）』大本七十年史編纂会編（一九六四 - 六七）
『大本神諭（天の巻・火の巻）』出口ナオ著／村上重良校注（平凡社東洋文庫、一九七九）
『歴史とアイデンティティ――近代日本の心理=歴史研究』栗原彬著（新曜社、一九八二）
『出口なお』安丸良夫著（朝日新聞社、一九七七／岩波現代文庫、二〇一三）
「出口王仁三郎訪問記」大宅壮一著（『新・代表的日本人』佐高信編、小学館文庫所収、一九九六）
『出口王仁三郎』村上重良著（新人物往来社、一九七三）
『大本教事件――奪われた信教の自由』出口栄二著（三一書房、一九七〇）
『出口栄二選集（一巻～四巻）』（講談社、一九七九）
『出口王仁三郎著作集（全五巻）』出口王仁三郎著／村上重良他編（読売新聞社、一九七二～一九七三）
『大地の母（全一二巻）』出口和明著（毎日新聞社、一九六九～一九七一）
『出口なお王仁三郎の予言・確言』出口和明著（光書房・一九七八）
『巨人　出口王仁三郎』出口京太郎著（講談社、一九七五）
『スサナオの原風景』出口信一著（啓文社、二〇〇九）
『出口王仁三郎――屹立するカリスマ』松本健一著（リブロポート、一九八六）
『出口王仁三郎　帝国の時代のカリスマ』ナンシー・K. ストーカー著／井上順孝監訳／岩坂彰訳（原

書房、二〇〇九）
『人間解放の福祉論――出口王仁三郎と近代日本』広瀬浩二郎著（解放出版社、二〇〇一）
『大本――出口なお・出口王仁三郎の生涯（新宗教者創始者伝）』伊藤栄蔵著（講談社、一九八四）

斎藤秀一について

『吹雪く野づらに――エスペランティスト斎藤秀一の生涯』佐藤治助著（良書センター鶴岡書店、一九九七）
『特高に奪われた青春――エスペランティスト斎藤秀一の悲劇』工藤美知尋著（芙蓉書房出版、二〇一七）

あとがき

「わんりぃ」という日中文化交流市民サークル誌があります。「わんりぃ」とは、〈万里の長城〉の万里の北京語読み、中国語です。二月と八月はお休みですが、それ以外は毎月発行しています。

たまたま二〇一二年だったか、初めてこの「わんりぃ」を知り、読みました。編集発行人は「わんりぃ」代表の田井光枝さんという、なかなかユーモアのセンスあるご婦人です。

今では、彼女が居住する東京近郊の町田市を越えて、多くの人が執筆しているようですが、とりたてて著名人の名前はなく、文字通り市民の方々が中心です。ちなみに田井さんは、この「わんりぃ」の三〇年ほどに亘る長年の発行の功績を称えられて〈日中学院倉石賞〉を二〇一七年に受賞されました。

さて当時、「わんりぃ」をパラパラとめくっていると、中国東北を旅した人の随想がありました。そこに、旧満洲当時の新京（現在の長春）にあった「満洲映画協会」（略称：満映）のことが記されていて、満映理事長であった甘粕正彦について、「大杉栄殺しの下手人云々」という言葉が綴られていました。

本書の第二章、〈エスペラントは日本へどう伝わったか〉の中で、私は大杉栄に触れ、関東大震災直後、憲兵隊によって虐殺された大杉殺しの直接の下手人は甘粕正彦ではない、という週刊誌の記者時代の取材を基にした話を書いています。

私は、大杉の生き方などを含めて関心がある一方、甘粕については、墓場まで自らの〈汚名〉を背負って生きた男として、それ以降、いたく同情心を持っておりました。

その満映に関する記事を見て、すぐさま田井さんに疑問を呈するメールを送信しましたところ、折り返し、ぜひ甘粕について書いてほしいという依頼があり、〈甘粕正彦と大杉栄〉というタイトルで、二〇一二年五月号に短い文章を書きました。その後「わんりぃ」には、三回ほど方正日本人公墓について書いたことがありました。

それから三年ほど経った頃でしょうか。田井さんから、エスペラントについて書いてほしいという依頼が来ました。なぜ私にエスペラントか、という疑問もありましたが、それには触れず、それでは二、三回書きましょうと返事をして、第一回の原稿を送った後だったか、「興に乗れば、もう少し書くかもしれません」と田井さんにメールをしたところ、田井さんからも、「興に乗れば…いいですね。どうぞどうぞ、どんどん書いてください」と言われ、書いているうちに連載は、結果的に二〇一六年の三月号から二〇一八年一〇月号まで二年半ほど、計三三回になりました。本書はそれを基に削除、縮小修正し補筆したものです。

いろいろな方々のアドバイスのお陰で、現在のエスペラント界の現況や課題も浮き彫りにできたようで、非常に良かったと思っております。取材に応じていただいた木村護郎クリストフさん、臼井裕之さんには大変感謝しております。ありがとうございました。

本書完成に当たっては、まず田井光枝さんに感謝いたします。このような本になる契機は田井さんからの原稿依頼に始まったわけで、それがなかったら、アイザック・ドイッチャヤー風に言えば、〈非日本的日本人〉のような、私なりの「日本エスペランティスト列伝」のような本書はできなかったでしょう。

また、日本エスペラント協会の前事務局長の福田政則さん、現事務局長の相川拓也さん、エスペランティストでアナキズム研究家でもある旧友の手塚登士雄さん、また再開したエスペラント界での導き人とも言える田平正子さんにもいろいろと有益な助言をいただきました。

「わんりぃ」連載時においては、中国と日本の宗教界との関わりや周恩来総理について、東日本国際大学客員教授の西園寺一晃さん、元朝日新聞中国総局長、元同志社大学大学院教授の加藤千洋さん、元葛飾区議の遠藤勝男さん、また周恩来らの通訳であった上海在住の周斌さんらから貴重な体験談をお聞きしました。ここに改めて御礼申し上げます。

皆様、ありがとうございました。

最後に重ねて、批評社のスタッフの皆さん、ありがとうございました。

二〇二一年四月

ザメンホフの『第一書』について

ザメンホフが最初に世に問い著したのが『エスペラント博士著国際語　序文と全教程』です。これはロシア語で書かれました。当時のワルシャワはロシア領でしたから、ロシア語を使うほかありませんでした。

出版社を見つけるために二年半ほど時間を費やしました。その間にも、“国際語”と称するヴォラピュクが徐々に広がっており、ザメンホフは自分が創った国際語の方が優れているのにと思いながら発表できず、かなり悲観していたようです。しかし妻クララの父の援助もあり、自費出版することができました。

一八八七年五月二一日に、政府から印刷の許可が出ました。そして三千部ほど刷られ、七月一四日、ついにこの小冊子は店頭に並びました。

ザメンホフは、ロシア人のジャーナリストでエスペラント運動に共感していたボロヴコに宛て、次のような手紙を書いて、この時の心境を綴っています。少し長くなりますが紹介しましょう。

「私は卒業して医者を開業しました。そこで、私の成果を公表しようと考えるようになり、最初の小冊子の原稿を整えました。(題は「エスペラント博士著、国際語、序文と全教程」）そして出版してくれる人を探しました。しかしここで、人生最初の苦い経験を味わうことになりました。経済上の問題です。その後、現在もこれとは全力で闘わなければならない問題です。

二年間、出版してくれる人を探しましたがダメでした。ある出版者を探し当てたと思ったら、半年間出版準備をした上で、最後には

断ってくる始末でした。

最後に、ようやく自費で一八八七年七月に出版にこぎつけました。それを前にして私はひどく興奮していました。ルビコン川の前に立った気持ちで、この本が世に出たら、もう後戻りはできないのだ、と言い聞かせていました。周りの人たちによって生活が支えられている一介の町医者にとって、どんな運命が待ち構えているのか。特に町の人たちが私を、「道楽」にうつつを抜かしている夢想家、とみなしたらどうなるのかはよくわかっていました。私は、自分と家族の将来の安全と生活のすべてをかけていました。しかし、私の血肉となった国際語への想いを断ち切ることはできず、ついに私はルビコン川を渡ったのです。」

この小冊子の最後に、ザメンホフは「この小冊子を他の諸々の言語に翻訳する権利は、すべての人が所有するものです」と記して、著作権を永遠に放棄すると記しています。この書はその後、ポーランド語、フランス語、ドイツ語、英語に訳され出版されました。

最後に、このザメンホフの『第一書』の序文の前半と、エスペラント全文法を紹介して本書を終えたいと思います。翻訳文については下記の書の川西徹郎さんの許可の下、一部私なりの表現に変えたところもあります。川西さんには感謝申し上げます。なお全文を読みたい方、ご関心のある読者は、直接『新　ザメンホフ読本』（川西徹郎編）に当たってください。以下の協会で取り扱っています。

日本エスペラント協会
〒162-0042 東京都新宿区早稲田町12-3
電子メール：esperanto@jei.or.jp/
電話：03-3203-4581　Fax:03-3203-4582

エスペラント博士

国際語

序文

と

全 教 程

ロシア人のために

言語が世界語であるためには
それをそのように命名するだけでは不十分である

価格　15　コペイク

ワルシャワ

ケルター石版印刷所　ノボリピエ街　11

1887

序文

ここに提出された小冊子を手にされた読者は少なからず不信感を持たれ、実現不可能なユートピアを提案しようとしているのではないか、という先入観を持たれることでしょう。そこで何よりもまず、そのような先入観を捨て、ここで提案された問題を真摯に批判的に考えてくださるよう読者諸氏にお願いします。

とりわけ、どの民族にも属さない全世界の人々が同等の権利を有する、国際的な一致の下に承認された国際語の導入が、人類にとっていかに大きな意義を持っているものであるかを、ここで改めて広く言及しようとは思いません。

私たちは、外国語の学習のために、なんと多くの時間と労力を費やすことでしょう。それにも関わらず、国境を一歩越えれば、同じ人間同士がお互いに理解し合えることは極めてまれです。ある国の文学作品が他の国に知られるようになるまで、なんと多くの時間と労力、そして物質的手段が必要とされることでしょう。しかしながら結局、私たちは翻訳によって外国の文学作品の筋書きを知るだけなのです。

しかし国際語の存在の下ではすべて、中立的で、しかも各人に理解できる国際語に翻訳され、国際的な性格を持つ作品は直接、国際語で書かれるようになります。人類の文学における「万里の長城」は滅びるのです。他国の文学作品は、自国の作品と同じように私たちの手の届くものになるのです。

読み物は、すべての人々にとって共通のものになり、それに伴って、教育、理想、信条、目的もまた共通のものとなり、各民族は一

つの家族のように親しくなります。

私たちは、いろいろな言語に自分の時間を割り当てなければならないので、そのうちの一つの言語さえも十分に身を入れて学ぶことができません。そのため、第一に自分の母国語を完全にものにしている人さえごく稀であり、第二に言語自体、その機能を十分に果たすことができなくなっています。そこでしばしば、外国の言葉や表現を借りたり、言語の不完全さのために自分を不正確に表現したりして、偏った考え方をするようになります。

もし私たちが二つの言語（自国語と国際語）だけを使うことになれば、事情はまったく変わるでしょう。その時には、私たちは言語をもっとよくものにすることができるし、また言語自体ももっとよく機能を果たし、完成された形となり、現在のものよりもっとずっと高度なものとなるでしょう。

まさに言語は、文明の主要な原動力と言っていいでしょう。私たちが動物より優れているのは、言語のお陰です。そして言語が高度であればあるほど、人々の進歩はますます速度を増すようになるでしょう。何よりもまず、人間の出会いにおいて明らかになることですが、民族的な偏見及び、民族間の相互反目の主要な原因は、言語上の相違にあります。つまり、人々はお互いに理解し合うこともなく、疎遠な態度を取り合います。

人々が出会った時、どんな政治的な信念を持っているか、どこで生まれたか、何千年も前の祖先がどこに住んでいたかなどということは、尋ねたりしません。しかし、彼らが一言話し始めると、その言葉の響きから外国の人（よそ者、異邦人）であることがすぐ判ります。

民族同士が互いに争いあっている都会に一度でも住んだことのあ

る人ならば、国際語が人類にとっていかに大きく実際に役立つかということを切実に感じたことがあるはずです。

少なくとも、いろいろな言語を使う住民がいる地域では、国際語は人々の家庭生活に干渉することなく、国の公用語とか社会生活の言葉として役立つようになることでしょう。

最後に、学問や商業においては、一つの言葉を使って一歩ずつ、国際語は大きな意義を持つものとなることでしょう。それらのことについては、私が多くを語る必要はありません。せめて一度でもこの問題について真剣にじっくりと考えたことのある人ならば、国際語という人類共通の言葉を習得できるとすれば、どんな犠牲も大き過ぎることはない、ということに同意してくださることと思います。それ故に、それを目指すものであれば、どんな些細な試みでも注目に値します。

この問題に対して私は、自分の最も大切な年月を捧げてきました。読者の皆さんもこの重要な問題のために、いくばくかの忍耐をすすんで捧げてくださることを私は期待しています。どうか、ここに提出した小冊子を最後まで注意深く読み通してください。

私は、国際語を創造する目的でなされたいろいろな試案を分析しようとは思いません。それらの試案は、必要とする程度の短い通信のために考案された符号であったり、また、あるものは文法をただ単純化することで満足したり、現存する諸言語の単語を任意に考案したもので代用することで満足していたのだという点に留意していただきたいと思います。

第一の部類に属する試案は、あまりにも複雑で非実用的であったために、誕生後まもなく消滅してしまいました。第二の部類の試案

は言語になっていますが、国際語としての性質は何一つ備えておりませんでした。

なんらかの理由で創案者が自分の言語を「世界語」と名づけても、たぶん、それだけのことであり、その言語を使って通じ合った一人もいなかったのです。

ある言語が世界語であるためには、一人の人がそれを「世界語」と名づけるだけで十分だというのであれば、今ある言語はすべて望みさえすれば世界語になることができるでしょう。これらの試案は、世界が喜んで一致した承認を与えてくれるだろうという素朴な願いの下に創案されました。

しかし、この一致した承認、まさにこれがその素朴な願いを最も不可能にしているのであり、利益をもたらすことの不確かなものに人が率先して、自分の時間をささげるであろうということだけをあてにしているような机上の理論的な試案に、世間の人々が無関心だったのも当然のことです。もちろん、そのためにこれらの試案は完全に失敗してしまったのです。

興味をもった人々も、創案者以外誰も理解できないような言語の学習のために、時間を費やすことは適当ではないと考えたからです。

彼らはこう言ったのです。「前もって世界中が、あるいは数百万の人々がこの言語を学ぶなら、私も学びましょう」と。すでに多数の仲間がいないと、仲間のひとり一人に利益をもたらすことができないような足並みの調子では、結局どんな承認も得られず、誕生後に生き生きと成長していくことはできないのです。

最近の試案「ヴォラピュック」が、言われているように、かなり多数の仲間を獲得できたのは、単に「世界的」という発想自体が非常に高尚で魅惑的なために、開拓的なものに熱狂して専念する人々が、

おそらく成功するであろうという希望をいだいて自分の時間をささげているからです。しかし、この熱狂的な人の数はある程度まで達すれば停滞することでしょう。そして、冷淡で無関心な世間は、この少数の人々と通じ合うために自分の時間を犠牲にしようと思わないでしょう。結局、この言語もまた、以前の数々の試案と同様、なんらの利益をもたらすことなく消滅していくでしょう。

国際語に関する問題については、私は長い間考え続けてきましたが、実ることなく滅びていった数々の試案の創案者に比べて、自分は才能もないし精力的でもないと思い、空想と望みもしない沈思黙考の中に閉じこもっていました。しかし、この果てしのない黙想の中から、果実のように現れたいくつかのひらめきによって勇気を得た私は、更に研究を進め、困難を一つ一つ克服して合理的な国際語の創造と、その使用法の導入を成功させようとの試みを始めたのでした。幾分かは成功したのではないかと思い、持続的に続けてきた私の長年の研究の結果を今ここに、世界の読者の判断のために提出する次第です。

解決しなければならなかった最も重要な問題は次のようなものでした。

この言語は、人々が遊びながら学ぶことができるほど、非常にやさしいものでなければならない。

この言語が世界によって承認され、多数の使用者があるか否かに関わらず、それを学んだ人が、直ちに各国の人々との理解のために使用できるようにしなければならない。つまり、この言語を最初から自ずとその構造上、国際交流の実際的な手段として役立つことが

できるようにしなければならない。

世界の国際語についての無関心を克服し、できるだけ早く大衆的にこの言語を生きた言語として使用させる方法を見出すこと。すなわち、緊急性が必要な場合には辞書を手にすることなしに、いつでも使えるようにさせること。

「世界共通語」という名称を用い、声高に、鳴り物入りで世界に向かって提出された案のうち、上記の問題を一つ以上解決したものはなかったのですが、その一つすら、ただ部分的に解決をしたにすぎなかったのです。

以上、指摘した以外にも解決すべき問題はいくつかあったのですが、それは本質的なものではないので、ここでは言及いたしません。

この三つの問題をどのように解決したのかを説明する前に、読者の皆さんにこれらの問題の意義について、少し考えていただきたいと思います。私の解決方法はあまりに単純であるという、それだけの理由から、問題の解決方法がとても安易すぎるとみなさいようにお願いしたいと思います。このようなお願いをするのも、あるものが複雑で量が多く、了解するのに困難であればあるほど、たいていの人はそういうものに対して大きな敬意を払う傾向があるということを知っているからです。

このような傾向を持つ人は、きわめて単純で理解しやすいい規則を備えもつ、この小さな学習書を一目見て、侮り蔑むかもしれません。しかし、この単純性と短期間で達成可能なこと、すなわち、その母体であった複雑な形式から最も単純な形式を導き出すことが、私の研究の一番困難な仕事だったのです。

I

第一の問題は次のような方法で解決しました。

a) 私は文法を信じられないほどまでに単純化しました。一方では、容易に記憶することができるようにするため、今ある生きた言語の本質から逸脱しない方向で、また他方で、そのために、言語から明快さ、正確さ、並びにしなやかさを決して失わないように単純化したのです。私の言語の全文法は、一時間もあれば十分に理解できるものですが、このような文法を有する言語が非常に便利なものであることは明白です。

b) 私は、単語作成のため規則を作りました。この規則によって学ぶべき単語の数が大いに節約できると考えたからです。そのために言語が貧しいものになることはありません、むしろ逆です。一つの単語から多くの単語を作り出し、思考上のいろいろなニュアンスの表現が可能になるため、この言語は最も豊かな自然語よりはるかに豊かなものになると思います。それは種々の接頭辞及び、接尾辞の助けによって単語をいちいち覚えなくても、一つの単語から他の種々の単語を形づくることができます（これらの接頭辞及び、接尾辞の便利な点は、独立した単語として意味をもつことであり、辞書においても独立した単語として配置されることです)。例えば、

1) 接頭辞「mal」は、観念の正反対を意味します。従ってbona（良い）という単語を知っていれば、私たちはもう自分でmalbona（悪い）という単語を作ることができます。malbonaという観念に必要

な特別の単語はもう必要ありません。alta（高い）—malalta（低い）、estimi（尊敬する）—malestimi（軽蔑する）等々、malという一つの単語を覚えることによって、例えば次にあげるような一連の単語の学習から解放されます。

malmola（硬い）〈mola（柔らかい）を知っている場合〉、malvaruma（冷たい）、malnova（古い）、malpura（不純な）、malprokisima（遠い）、malriĉa（貧しい）、mallumo（闇：やみ）、malhonoro（恥）、malsupre（下方に）、malami（憎む）、malbeni（呪う）等など。

2）接尾辞inは、女性形を意味します。従ってfrato（兄弟）がわかればfratino（姉妹）を作ることができます。つまり、avino（祖母）、filino（娘）、fianĉino（女の婚約者）knabino（少女）、bovino（雌牛）などの単語を覚えることはもう不要です。

3）接尾辞ilは、行動に用いる道具を意味します。例えばtranĉi（切る）—traĉilo（刃物）のように。kombilo（くし）、hakilo（斧：おの）、sonorilo（鐘）、plugilo（鋤：すき）、glitilo（スケート）などというような単語は覚える必要がないのです。他の接頭辞及び、接尾辞も同様です。

他にも、私はすでに国際的に使われている単語（いわゆる外来語）は、国際語の正書法（つづり字法）にするだけという規則を与えました。この方法を取ると大部分の単語を覚える必要がありません。例えば、lokomotivo（機関車）、redakcio（編集室）、telegrafo（電信機）、nervo（神経）、temperaturo（気温）、centro（中央）、formo（形）、publiko（大衆）、platino（印字版）、botaniko（植物学）、figuro（姿）、vagono（車両）、komedio（喜劇）、ekspluati（開発する）、deklami（朗読する）、advokato（弁護士）、doktoro（博士）、teatro（劇場）等々。

以上に述べた規則や、また更には、ここには述べられていない他の規則のお陰で、国際語は格段に簡単になっていて、ごく少数の単語を覚えることが学習のすべてとなっています。特別な能力や精神の集中がなくても、必要な単語や表現または文章は、一定の規則に従って、すでに覚えた少数の単語から作り出すことができるようになっています。

もっともこのわずかの単語というのも、以下に見られるように選び抜かれたものばかりなので、少し教養のある人には非常に簡単に習得できます。響きの良い、豊かな、そしてあらゆる人が理解できる（その理由は下記参照）国際語の学習は、他の言語のように何年も連続してやる必要はありません。その学習のためには数日あれば十分です。この小冊子に付記されている学習全書をご覧になれば、皆さんに納得していただけると思います。

2

第二の問題は次のような方法で解決しました。

言語全体が、種々の文法的形態をとる単語の代わりに、変化形のない単語からのみ成立するように、私は観念を完全に分解して独立した単語に編成しました。もし、あなたが私の言語で書かれた作品をご覧になれば、そこにある単語はいずれも、常に単独で、一つの決まった形、すなわち辞書に印刷されてある通りの形をとっていることがおわかりになるでしょう。文法上の形式、単語相互の関連性

などは、変化形を持たない単語の結びつきによって表現されます。

しかし、このような言語構造はヨーロッパの人にとっては全く未知のものであり、それに慣れることは困難だと思われます。それ故、言語の分解はすべてヨーロッパ語の精神に則って行ったのです。誰かが前もってこの序文を読まないで（序文は学習者にとっては全く不要なものですが）学習書に従って私の言語を学んでも、その人はこの言語構造が自国の言語構造と異質のものであるとは思いもしないでしょう。

例えば、実際には三つの単語から成立しているfratino—frat（兄弟）、in（女性形）、o（存在するもの）＝兄弟の女性として存在するもの、すなわち「姉妹」—の由来を学習書では次のように説明しています。

兄弟＝frat: 名詞はすべて主格においてoで終わるのでfrat,oとなり、同じ観念の女性形を作るには小辞「in」をつける。従って、frat,in,o＝「姉妹」となる。「,」の印がついていますが、その印をつけたのは文法的に単語の構成部分一つひとつを明確にするためです。

このような方法で言語を分解することは、決して学習者に当惑を与えるものではありません。むしろ、語尾、接頭辞、接尾辞という名称をもつ単語は、他の単語の最後、あるいは最初に用いられようと常に同じ意味をもち、完全に独立した単語であるということ、そして、単語はすべて平等であるため語根としても、文法的一小部分としても用いることができるということについて、学習者は疑念をいだくことさえありません。

しかし、このような言語構造の成果は、国際語の文法を学んだことのない人だけでなく、その存在を知らない人でも国際語で書かれたものは、直ちに完全に（手引書（辞書）を使って、もしくは手引書なしで）理解できるという点にあります。

以下、ザメンホフは、〈例を挙げて説明しましょう〉と二〇頁ほど続きますが省略します。その後、エスペラント全文法が紹介されているので、全文を紹介して終えましょう。

エスペラント全文法

A、アルファベット

文字	Aa	Bb	Cc	Ĉĉ	Dd	Ee	Ff	Gg	Ĝĝ	Hh	Ĥĥ	Ii	Jj	Ĵĵ
読み	アー	ボー	ツォー	チョー	ドー	エー	フォー	ゴー	ヂョー	ホー	クォー	イー	ヨー	じょー
文字	Kk	Ll	Mm	Nn	Oo	Pp	Rr	Ss	Ŝŝ	Tt	Uu	Ŭŭ	Vv	Zz
読み	コー	ろー	モー	ノー	オー	ポー	ロー	ソー	ショー	トー	ウー	ウォー	ヴォー	ゾー

注）ĉ,ĝ,ĵ,ŝ,ŭの文字を持っていない印刷所は、代わりにch,gh,hh,jh,sh,uを使用しても良い。読みがひらがなになっているところは、発音が微妙なために注意を促すためです。

B、規則（16カ条文法）

1. 不定冠詞はない。定冠詞（la）があるだけ。あらゆる性、数、格において同形である。

注）冠詞の使用法は、他の言語におけると同様である。冠詞の使用法が難しいと思う人々は、初期の段階では全く使用しなくてもよい。

2. 名詞は語尾oを取る。複数形は語尾jを加える。格は主格と目的格だけ。目的格は主格から作られ、語尾nを付け加える。他の格は前置詞の助けで表現される。(所有格はde, 予格はal, 奪格はper, その他、意味によってさまざまの前置詞を使用する。)

3. 形容詞はaで終わる。格と数は名詞におけると同様である。比較級はpliで作られる。最上級はplejを用いる。比較級においては接続詞olが用いられる。

4. 数詞は基本数詞として、unu(1)、du(2)、tri(3)、kvar(4)、kvin(5) ses(6)、sep(7)、ok(8)、nau(9)、dek(10)、cent(100)、mil(1,000)がある。

十の位と百の位は、数詞の単純結合で作られる。序数は形容詞の語尾を付け加える。倍数にはobl、分数にはon、集数にはop、数量的配分にはpoが用いられる。

5. 人称代名詞はmi(私)、vi(あなた)、li(彼)、si(彼女)、gi(もの、動物)、si(再帰代名詞)、ni(我々)、vi(あなた方)、ili(彼等)、oni(一般的な人々)、所有代名詞は形容詞の語尾を付け加える。格の変化は名詞におけると同様である。

6. 動詞は人称及び、数によって変化しない。動詞の形は、現在形は-asを付ける。過去形は-is、未来形は-os、条件法は-us、命令形は-u、不定法は-i、を付ける。分詞(形容詞的意味あるいは副詞的意味をもつ):能動分詞の現在は-ant、過去は-int、未来は-ont、受動分詞の現在は-at、過去は-it、未来は-otを付ける。すべての受動

態は動詞のestiの対応形と必要な動詞の受動分詞で作られる。受動態の前置詞でdeを用いる。

7.副詞はeで終わる。比較級は形容詞と同じ。

8.すべての前置詞は主格を必要とする。

9.すべての単語は、つづり通り発音される。

10.アクセントは常に最後から二番目の音節にある。

11.合成語は単語の単純結合で作られる（主たる単語が最後に来る）。文法上の語尾も独立した単語としてみなされる。

12.他に否定語がある場合は、否定語のneが除去される。

13.方向を示す時は、目的語の語尾を取る。

14.すべての前置詞は一定不変の意味を持つ。どんな前置詞を取るべきかわからない場合は、前置詞jeを用いる。jeは独立した意味を持っていない。jeの代わりに前置詞を除いて目的格を用いることもできる。

15.いわゆる外来語、つまり多くの言語において採用されている一つの発生源をもつ単語はそのまま用いられ、ただ正書法だけは国際語の方法に従う。しかし、一つの語根から出ているいろいろな単

語は、基本語だけそのまま用いて、その他の語はエスペラントの規則に従って基本語から作った方がよい。

16. 名詞と冠詞の最後の母音は、削除してアポストロフィ（'）を代わりに用いることもある。

☞ この小冊子を他の諸々の言語に翻訳する権利はすべての人が所有するものです。

著者の住所

ザメンホフ博士気付

エスペラント博士

ワルシャワ

3. Se venus akoraŭ ventegoj, batal',
Ni estas jam bone harditaj.
Esperon ne venkos lafajro, nek ŝtal',
Nek ies perfidoj subitaj.
Nenioen mondo elŝiros ĝin for,
Ĝi havas radikojn profunde en kor'.

4. Ni velas antaŭen kun kredo, fervor',
Benante la Majstron per verko,
Kaj lian anaron, de plej frua hor'
Fidela al li ĝis la ĉerko.
La mond' aliiĝos, la temp' pasos for,
Sed vivos eterne pri ili memor'.

5. La lingvo benata montriĝis al ni
Mirinda donaco ĉiela:
Per amo al hejmo, patrujo, naci'
Ni flamas en koro fidela.
Kaj same fidelaj al hejma altar',
Ni sentas nin filoj de l' tuta homar'.

La Tagiĝo

versoj de **Antoni Grabowski**
muziko de **Barański**

Movo de marŝo
1. A - gor - du la brus - tojn, ho,
2. Post lon - ga mi - gra - do sur
6. En ĉi - u mond - par - to, en
ni - a fra - tar', Por no - va, pli vi - gla jam kan - to! Ĝi
dor - na la voj' Mi - na - cis nin on - doj de l' ma - ro; Sed
ĉi - u ter - zon', En ko - roj de cen - toj da mi - loj, Jam
so - nu po - ten - ce de mon - toj al mar', A - non - cu al ĉi - u dor-
ven - kis ni i - lin kaj ve - las kun ĝoj' Al ver - da ha - ven' de l' ho-
vi - bras por ni - a sa - lu - to re - son', Do kan - tas de l' te - ro ni

lo - ko. Ne al gla - vo san-gon so - i - fan - ta Ĝi la
ran - toj. For-te sta - ras mu-roj de mil - ja - roj In - ter
li - an. Ni - a di - li - gen-ta ko-le - ga - ro En la-
ho-man ti-ras fa-mi - li - on; Al la mond' e - ter-ne mi - li-
la po-po-loj di-vi-di - taj; Sed dis-sal - tos la obs-ti-naj
bo-ro pa-ca ne la-ci - ĝos, Ĝis la be - la son-ĝo de l' ho-
tan - ta Ĝi pro-me-sas sank-tan har-mo-ni - on.
ba - roj Per la sank-ta a - mo dis-ba-ti - taj.
ma - ro Por e -
1. 2.
3.
rit.
ter-na ben' e-fek-ti-vi - ĝos.
a tempo
ff

La Espero

versoj de **L. L. Zamenhof**
muziko de **F. de Ménil**

Movo de marŝo

著者略歴

大類善啓（おおるい・よしひろ）

1968年、法政大学文学部哲学科卒業後、欧州、中東、アジアに遊ぶ。その後、週刊誌記者、フリーライターなどを経て、78年初訪中。翌79年より中国との交流に携わり、81年、手塚治虫のアニメ『鉄腕アトム』の中国・中央テレビでの放映業務、2002年、日中国交正常化30周年特別番組〈孫文を支えた知られざる梅屋庄吉〉を企画、テレビ朝日で放映される。

現在、一般社団法人日中科学技術文化センター理事・参与。また、中国ハルビン市郊外の方正県にある日本人公墓（1963年、周恩来総理の認可の下、建立された）の存在を通じて、日本の中国への加害と被害の実相などを伝えていこうと2005年、方正友好交流の会を立ち上げ、理事長として会報『星火方正』を編集発行している。この会報で日本人公墓を知った映画作家・羽田澄子さんが記録映画『嗚呼　満蒙開拓団』を制作、2009年全国で上映される。

著書に『ある華僑の戦後日中関係史――日中交流のはざまに生きた韓慶愈』（明石書店、2014年）、共著に『風雪に耐えた「中国の日本人公墓」ハルビン市方正県物語』（東洋医学舎）、『満蒙の新しい地平線　衞藤瀋吉先生追悼号』（満蒙研究プロジェクト編集委員会編）などがある。

エスペラント――分断された世界を繋ぐHomaranismo《ホマラニスモ》

2021年5月25日　初版第1刷発行

著　者……大類善啓

装　幀……臼井新太郎

発行所……批評社
〒113-0033　東京都文京区本郷1-28-36　鳳明ビル201
電話……03-3813-6344／FAX……03-3813-8990
郵便振替……00180-2-84363
e-mail:book@hihyosya.co.jp／http://hihyosya.co.jp

印刷・製本……モリモト印刷（株）

乱丁本・落丁本は小社宛お送り下さい。
送料小社負担にて、至急お取り替えいたします。

ISBN978-4-8265-0723-3 C0087